〈増補改訂〉

# 剣道 新しい教科書

動画で、いちばんわかる

基礎から実戦まで、技の極意と応用を伝授！

剣道教士七段

## 髙瀬 英治
● Eiji Takase

日本文芸社

# はじめに

## 基本はいつまでも大切にするもの

　地道な反復による基本の習得こそが、剣道上達のもっとも近道であることは間違いないはずです。これから剣道を始めようという方、中学生、高校生という若い年代の剣士のみなさんには、このことをしっかりと理解しておいてほしいと思います。

　剣道の稽古は、ほぼ出来上がった形式が存在します。ストレッチ、準備運動、素振りから始まって、剣道具を着けての切り返し、仕掛け技から応じ技の基本打ち、かかり稽古、地稽古（互角稽古）というものが一般的と言えるでしょう。そこに指導者の工夫が加わって、それぞれの学校や道場の稽古のスタイルが確立されるわけです。しかし見た目には様々な方法があったとしても、目指すところは同じです。稽古の時間の大半は基本の習得のために割かれているはずです。

正しく無駄のない体の使い方（姿勢、構え、足さばき、竹刀の操作）を身につけることで、冴えのある打突が生まれ、障害の予防にもつながります。

基本はまた、初心者にとっても高段者にとっても、若年層にとっても高齢者にとっても、錬度の違いこそあれ同じものであり、一生修行の立場である剣道を嗜む者にとっていつまでも大切にしなければならないものなのです。

国内最高峰である全日本選手権で活躍する選手からも、スランプに陥れば基本を見直すという言葉がよく聞かれます。プロ野球選手でもゴルフやテニスの選手でも、試合期から離れるトレーニング期では、手を

マメだらけにしながら、数多くの素振り（スイング）を行ってフォームを固めます。いくら苦しい思いをしようとも、それ以上の見返りがあるからです。正しく無駄のないフォームが、飛距離やコントロールに大きな好影響を及ぼすからにほかなりません。それは剣道においても同じなのです。

基本の稽古は、上級者にかかっていく地稽古や、同等の力の仲間と行う互角稽古、試合稽古と比べれば、楽しみの少ない地味なものかもしれません。ですが、真摯に向き合って積み重ねるごとに感じ方は変わってくるものです。実戦に近い感覚が芽生え、この稽古が楽しくなってくる頃には、格段と地力は増しているはずです。

## 竹刀（打ち込み棒）打突

## 受け方

## 間合

## 第4章
### ◎剣道具の着装と収納

## 剣道具の着装

## 剣道具の収納

## 第5章
### ◎剣道具を着けてからの稽古
### 技の極意と応用の実践へ

## 基本動作の稽古法（切り返し）

## 対人の技能 しかけ技

# 第1章
# 剣道着・袴と竹刀

剣道は剣道着と袴（はかま）を着装し、剣道具（防具）を身に着けて竹刀（しない）で打ち合う武道です。ここでは実際に竹刀で打ち合う前に、最低限知っておきたい剣道着・袴と竹刀の知識を紹介しましょう。

# 剣道着と袴の着装

普段の生活でも着装の乱れは、心の乱れと言われます。剣道着が乱れていては、稽古や試合に臨むために必要なほどよい緊張感も生まれません。着装の乱れは、心構えができていないことの表れ、ということなのです。昇段審査で不合格となる人の多くは、これができていない人と言われます。あまりにひどければ、

審査員の先生はあなたの立ち合いをよく見てくれないかもしれません。試合においても審判員の先生は、相手の打突を優先して着目するかもしれません。見苦しい着装は相手にも失礼と言えます。大げさに言えば、着装は自らの覚悟を示すもの。できていて当然の基本と心得ましょう。

## 1. 剣道着と袴の名称

### ＜剣道着＞

### ＜袴＞

― 前面 ―

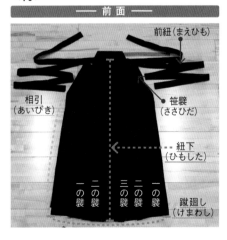

― 背面 ―

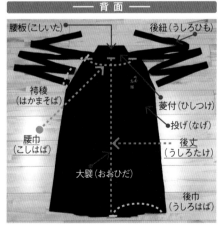

## 2. 剣道着の着装

剣道着は右を下、左を上に身頃を重ね合わせ、内側、外側の胸紐を蝶結びに結ぶ。

## 3. 袴の着装例

❶袴は左足から右足の順ではき、前の部分をへそのやや下に当てる。脱ぐときは右から。

❷前紐を体の後ろ側にまわし、腰のあたりで交差させて締め、前にまわす。

❸❹左下腹部あたりで右手側を下に交差させ、下になっている前紐を上に折り返して締める。

[袴の装着例]

❺再び前紐を後ろにまわし、腰のあたりで蝶結びに止める。

❻腰板についているヘラを結び目上部の前紐にはさむ。腰板が外れると見苦しいので忘れずに。

❼❽❾左右の後紐を前にまわし、右から左にまわす側を下に、左から右にまわす側を上にして、前紐の上で交差させ、上側の後紐を前紐の下からくぐらせ、真結び（堅結び）に結ぶ。

❿後紐の先端は袴の両脇口から前紐と剣道着の間に挟むようにおさめる。

剣道着、袴を着装したら整えることを忘れずに行います。剣道着の胸元がきちっと合わさり、襟は首についているか。剣道着の背中がふくらんでいないか。もしふくらんでいたら、剣道着の後ろの裾を下に引っ張って整えます。袴の腰板はめくれていないか、正しい位置にあるか。袴の裾はくるぶしが見える程度で、後ろの裾が高く、前の裾がそれより低くなっているか。袴の裾は、そうすることで見栄えがよくなり、視覚的にスピード感を生む効果もあります。

—— 前面 ——

—— 側面 ——

—— 背面 ——

# 4. 剣道着の畳み方（例）

❶剣道着は両袖を大きく広げ、左右の脇の縫い目に合わせて伸ばし、前身頃を重ねる。その後、袖口を袖付けあたりに持っていき半分に折る。

❷❸さらに袖を袖付けの線で内側に折り、袖付けの線を身頃の中ほどまで重ねる。

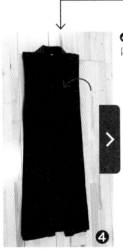

❸

❹反対側も同じように折り重ねる。

❺裾から少し上に向け内側に折り重ねる。

❻さらに折ったところと肩の中間あたりで内側に折り、角を抑えて全体を整える。

❻

## 5. 袴の畳み方

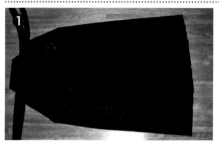

❶袴をまっすぐに下げて持ち、内側のまたの部分の左右の分かれ目を右側に倒してから、裏側を上向きにして置き、後ろ襞を伸ばして重ね、左右の裾をそろえる。

❷伸ばした後ろ襞が乱れないように左手で抑えながら、表を上に返すが、その際に裾を洗濯バサミ（竿ピンチ）で止めておくと、やりやすい。

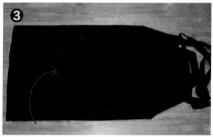

❸右手で裾の後ろ襞を抑えながら、左手で表側を上に返したら、前紐と腰板、裾の重ね目を左右の手で引っ張り、まっすぐにしてから、五本の襞を一つずつ伸ばしてそろえる。

❹❺左側から両脇を前襞と平行になるように内側に折り曲げる。

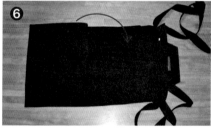

❻❼裾と襞が乱れないように、裾から三つ折りにする。

❽❾腰板部を上に向きを変え、前紐のしわを伸ばしてから、四つ折りにし、斜めに置き、一方も同様にして重ねる。

❿後紐を、前紐を畳んで交差した部分の上から下にまわす。

⓫⓬さらにその交差した部分の上部の前紐に同じように上から下へまわし通す。

⓭一方の前紐も同様にまわし通す。

⓮前紐の余った端の部分を内側に半分に折り、反対側の折り込んだ前紐に差し込んで、かたちを整えて畳み終わり。

# 竹刀（木刀）
しない　ぼくとう

剣道の竹刀は、日本刀がその原点であり、木刀がその中間にあたります。刀を使っての戦いが剣道の起源であり、大まかに言えば、そこから木刀を使っての形稽古の時代を経て、剣道具（防具）を身に着け、竹刀で打ち合う現在の剣道へと変遷してきました。であるので剣道において竹刀は、技術的にも精神的にも日本刀として捉えられるものなのです。また、剣道におけるケガのほとんどは、竹刀の破損によるものですので、傷害の予防のためにも竹刀の手入れは怠れません。

## 竹刀各部の名称

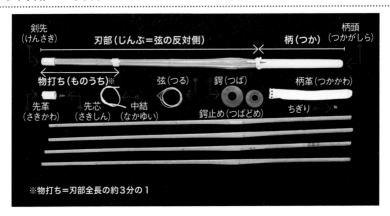

※物打ち＝刃部全長の約3分の1

## 竹刀の基準　一刀の場合

| | 性別 | 中学生 | 高校生（相当年齢の者も含む） | 大学生・一般 |
|---|---|---|---|---|
| 長さ | 男女共通 | 114センチメートル（3尺7寸）以下 | 117センチメートル（3尺8寸）以下 | 120センチメートル（3尺9寸）以下 |
| 重さ | 男性 | 440グラム以上 | 480グラム以上 | 510グラム以上 |
| | 女性 | 400グラム以上 | 420グラム以上 | 440グラム以上 |
| 太さ | 男性 | 25ミリメートル以上 | 26ミリメートル以上 | 26ミリメートル以上 |
| | 女性 | 24ミリメートル以上 | 25ミリメートル以上 | 25ミリメートル以上 |

※小学生は体力、体格に合った重さ、長さの竹刀を使用する。
　一般的に2尺8寸〜3尺6寸の竹刀が販売されている。

# 1. 竹刀のメンテナンス

ささくれができたら、紙やすりや竹刀削りを使って、こまめに削り取り、蝋を塗って滑りをよくしておきましょう。それが竹刀を長持ちさせることにもなります。また、竹刀を購入する際、剣道具店で付属品の組み上げまでをお願いすれば、丁寧に竹の角を削ってもらえるかもしれませんが、竹のみを購入した場合や、完成品を購入した場合は、竹をばらして角を削り、蝋を塗っておくことを勧めます。とくに真竹の場合は、油を塗ってしみ込ませておかないと、割れやすくなります。竹刀を製作する職人さんの話では100円ショップで売られているような機械油がよくしみ込むそうで、空き缶に油を入れ、その中に竹を立てておくといいそうです。

❶剣道具店で購入できる竹刀削り。稽古に出かける際には防具袋に入れておきたい。

❷竹刀削りで、竹の角を薄く削る。

❸スポンジブロックにサンドペーパーを装着したもので角を削る。スポンジブロックはホームセンターなどで300〜400円程度で購入できる。竹刀削りのような強さはないが、扱いやすい。

❹角を削ったら蝋を塗っておく。ささくれを補修した後は、丹念にすり込んでおきたい。

❺手軽に購入できる機械油がおすすめ。

❻買ったばかりの竹はオイルをしみ込ませた布で拭いて油分をしみ込ませておく。

## 2. 竹刀を組み立てる

竹と付属品を用意し、実際に組み立てていく工程を見てみましょう。竹刀の構造を知り、組み立て方を覚えるには、一度、どうなっているのか、完成品をばらしてみるのも、いいでしょう。

❶柄頭の部分にある「ちぎり」は四つ割りになっている竹をつないでいる金属。「ちぎり」によって柄部分が変形しないようになっている。

❷竹に入れられた切れ目に「ちぎり」を押し込んだ様子。

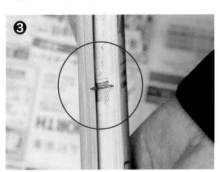

❸3枚の竹を組んだ様子。

❹4枚目の竹をはめ込み、握って固める。

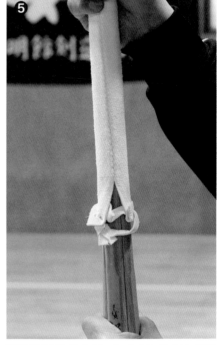

❺柄革を押し込んでいく。きつい場合は、軍手をして行うと力が入りやすい。

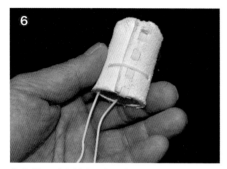

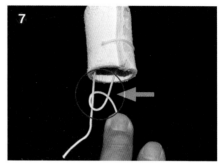

❻先革に弦を結ぶ。穴の上から弦を差し込み、一方は5センチくらいにする。

❼長いほうで円を作り、短いほうを円に通す。円は下から上に重なるように作る。

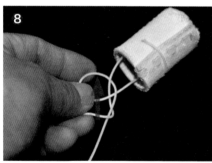

❽❾長いほうの弦に巻くようにして、さらに穴に通す。

❿結び目を抑え、短いほうを引っ張って出来上がり。

⓫剣先に先芯をはめ込む。

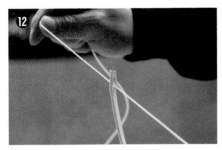

⓬弦に中結を通す。

⓭先革を剣先にはめ、弦を引っ張ってテンション
をかける。

⓮柄革の上部(弦をかける輪から20センチ程度)で弦のチチワを作る。

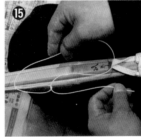

⓯柄のチチワに通し、戻して弦のチチワに通す。

⓰柄のチチワの結び目の下を通し、引っ張ってテンションをかける。

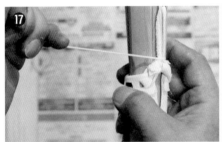

⓱⓲⓳弦が緩まないように
引っ張ったまま柄のチチワ
に結び止めてから、弦をチチ
ワに巻いていき、適当な位
置で結び止め、余った部分
を切る。

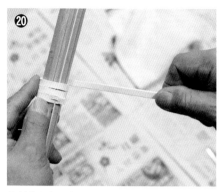

⑳剣先から刃部の3分の1程度のところに中結を締める。柄側から剣先側へ3回巻きつける。

㉑弦の下を通し、左側に引っ張る。

㉒㉓再び右側に引き上げ、弦の下を通し、輪に通して引き下げる。

㉔㉕再び左側から右側に弦の下を通す。

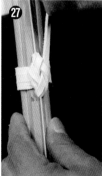
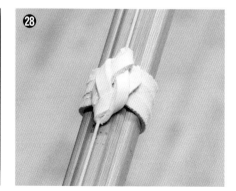

㉖㉗輪に通して、右上に引っ張り上げて締める。

㉘余分な部分をカットして完成。

## 3. 木刀・日本刀

木刀は見ての通り、木を削りだして日本刀を再現したものです。上の木刀各部分名称と写真と14ページの竹刀の各部分名称を見比べてみてください。江戸時代中期に竹刀と防具が出現する以前は、各流派で木刀による形稽古が盛んでした。現代でも日本剣道形、木刀による基本稽古法で、形稽古を欠かさず行っています。形稽古は、竹刀の剣道に必ず活きてくるものですし、活かせるように稽古を積まなければなりません。

すり上げ技を例にとれば、竹刀のどの部分を使ってすり上げるのか。刀→木刀の鎬を頭に浮かべれば、竹刀の峯に当たる竹と、側面の竹の継ぎ目、接する部分であることがわかるはずです。

「攻めて、引き出して、打つ」という剣道の本質は、言葉にすれば簡単ですが、身につけて実践していくのはとても難しいことです。これも剣道形の稽古を積むことで、その感覚が少しずつでもわかってくるものです。

# 木刀各部の名称

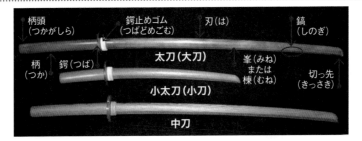

# 木刀の規格

※小学生が使う中刀は約90センチメートル

|  | 総尺（全体の長さ） | 柄の長さ |
|---|---|---|
| 太刀 | 3尺3寸5分（約102センチメートル） | 8寸（約24センチメートル） |
| 小太刀 | 1尺8寸（約55センチメートル） | 4寸5分（約14センチメートル） |

# 日本刀各部の名称

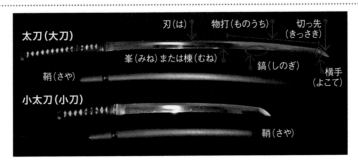

# 第2章
# 礼法と中段の構え

「剣道は礼に始まり礼に終わる」と言われるように、道場に出入りする際の礼、稽古の始まりと終わりの礼、試合の前後の礼、正座や挨拶とあらゆる場面で礼法があります。これらは日本の古くからの人間関係の基本です。ひらたく言えば人々がいがみ合ったり、争ったりしないようにするための規範と言えるでしょう。

# 礼法

剣道における礼法は、お互いに気持ちよく稽古に励むためにあります。相手の人格を尊重し、お互いに心技を錬るための協力者として感謝しつつ、形としては端正な姿勢を保持することが大切です。礼は自分の心を相手に伝える手段であり、形に表すことにより成り立つからです。しかし、心がこもっていなければ虚礼であって意味のないものだということを忘れてはなりません。

『竹刀は相手に向ける剣であると同時に自分に向けられた剣である』と同じく、礼も相手に対すると同時に自分の心を正すものでもあります。それゆえに日常生活においても大切なものなのです。

剣道は対人的格闘技であるため、ややもすると感情的になり過度の闘争本能が現れる傾向があります。剣道がこのような一面を持つ中で『剣道の理念』を実現していくためには礼法は不可欠です。

--- 剣道の理念 ---
剣道は剣の理法の修練による
人間形成の道である

## 1. 立礼

道場に入る際、立ち合い（試合）の前後と、剣道のいろいろな場面で使われる礼です。神前、正面、上座、上席、師などへの礼は約30度、相互（お互い）の礼は約15度、上体を前に倒しておじぎをします。その角度の違いに表れていますが、神前、正面などへの礼では、頭を下げることで視線を床に落とし、相互の礼は、相手から視線を離さずに行います。

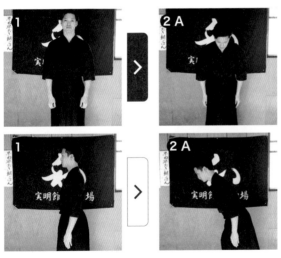
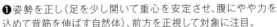

❶姿勢を正し（足を少し開いて重心を安定させ、腹にやや力を込めて背筋を伸ばす自然体）、前方を正視して対象に注目。
❷A神前、正面などへの礼は約30度上体を倒す。頭を下げたら、短く「1、2、3」と頭の中で数えて、頭を上げるようにしよう。それがだいたい一呼吸と同じ時間。

❷B立ち合いの間合での相互の礼では、相手から視線を外さずに上体を約15度倒す。背筋を伸ばし、あごが出ないよう気をつける。

## 2. 座礼

❶正座して前方を正視。両手は脚の付け根に近いももの上に置き、両ひざはこぶし一つから二つの間隔をあける。

❷背中が丸まらないように背筋を伸ばしたまま、両手をひざの前方につける。

❸ひじを曲げながら頭を下げて、一呼吸の間、その形を保ち、静かに元の正座に戻る。

❹床に手をつく際は、手のひらで三角の形を作り、その中心に鼻が向くように体を倒していく。

**正座をするときは:**
❺右足の親指を上に重ねるか、❻両足をそろえて、かかとにお尻を置く。

023

## 3. 座り方・立ち方（左座右起）

剣道に限らず、日本の武道では「左座右起」という左から座り、
右から立つという作法があり、これにしたがって行う。

## 4. 正座での向き直り方

神前や正面への礼の際、正座で向きを変えることになるが、このとき「どっこいしょ」と両手をつくと、あまり見栄えのいいものではないだろう。決まった所作があるわけではないが、両手は太ももの上に置いたまま、へその下（丹田）に力を込め、つま先を立ててやや腰を上げ、向きたい方向のひざから順に動かして向き直り、正座に戻してはどうか。このほうが無駄なく、スマートに見える。実際にそうされている先生が多い。

## ＜座り方＞

❶自然体で立った姿勢。
❷左足を半歩引きながら、床に左ひざをつく。このとき左足のつま先は、右足の真ん中くらいの位置にくるように意識するとよい。右のかかとより左ひざが後ろになると、一人分下がる形になる。
❸右足も半歩引きながら、両ひざをそろえて床につき、両足ともつま先を立てて、腰を落とす。
❹両足の甲を床につけながら両ひざを曲げていき、お尻をかかとの上に下ろす。

## ＜立ち方＞※座り方の反対

❶正座の姿勢。
❷両足のつま先を立て、腰を上げる。
❸右足を半歩前に出す。このとき左ひざ下の中間の位置に右足のつま先がくるように意識するとよい。右足が左ひざより前に出ると立ったとき一人分、前に出た形になる。
❹左足も半歩前に出して、立つ。

❶正座
❷つま先を立てて腰をやや上げる。
❸❹向きたい方向のひざ（写真の場合左）の向きを変え、続けて右ひざの向きも変えて、❷と同じ姿勢をとる。
❺足の甲を床につけて正座に戻る。

要注意
これはダメ！

両手をつけて方向を変えようとするのは見栄えがよくない。

# 5. 竹刀の握り方

竹刀の握りの良し悪しは、構えに影響し、さらには振り下ろし、打突の冴えに大きな影響を及ぼします。子どもが初めて竹刀を持ったとき、指導者はまず、この握り方を教えます。中学・高校生のみなさんなら覚えがあるでしょう。

握り方にも、「こうしましょう」という基本は示されています。それをしっかり身につけ、スランプや伸び悩みを感じたときは、そこが崩れていないかチェックしてみます。加えて、自分にとってしっくりいくかどうかは、人それぞれに微妙な力の入れ具合の違いはあります。修正した際に違和感があるかもしれませんが、正しい握り方なら徐々にスムーズに感じるようになり、抱えている問題が解消してくるはずです。

❶右手の位置は、肘窩（ちゅうか＝ひじ関節の内側部分）に柄頭を当てて鍔元（つばもと）を握ったあたり。したがって、この柄の長さが自分に合った長さとなる。

❷左手は、柄頭いっぱいに小指を握り、小指、薬指、中指を軽く締める。人差し指と親指は軽く添える程度に握る。

❸右手も左手と同じように握り、人差し指が鍔にわずかに触れるくらいのあたりを持つ。

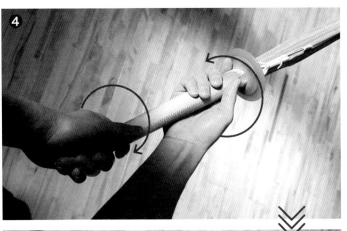

**④**

❹❺両手とも親指と人差し指の分かれ目を、弦の延長上である柄の縫い目の上にくるようにする。すくい上げるように持って（❹）、軽く茶巾絞りしてみて（❺）、力の入れ具合を確かめる。両手とも前腕を内側にまわしすぎて、すぼめないように注意。

**⑤**

✕ 要注意 これはダメ！

**悪い握り方①：**
両手の前腕を内側にまわさず、横から見て右手の指が全部見えてしまっている横握り。

✕ 要注意 これはダメ！

**悪い握り方②：**
ひじが張り、手首がまっすぐで橈屈（とうくつ）していない（この場合は親指が上に向くように手首が曲がっていない）。

# 6. 中段の構え

剣道の構え（日本剣道形）には上段（左・右）、中段、下段、八相、脇構えの大きく5つがありますが、その中心となるのが中段の構えです。上段が攻撃の構え、下段が守りの構えであるのに対し、中段は攻防一体の構えとなります。

中段の構えを（**❶**）正面、（**❷**）右側面、（**❸**）左側面から見たところ。左こぶしはへその下の下腹部からこぶし一つ前に出し、体の正中線に。左手親指の付け根上辺がへその高さで、左こぶしはへその位置より低くなる。左手は体についたり、高すぎたり、低すぎたりすると構えが崩れてしまう。

足は右足を前に前後に開き、右かかととと左つま先が同一線となるように置く。その幅はこぶし一握り（＝片足の幅分）。左かかとをわずかに上げ、両ひざを曲げず伸ばさずの自然に保ち、体重は両足に等しくかける。

剣先はその延長が相手の両目の間か左目のほうへ向くようにする。目線は、相手の顔を中心に全体を見るようにする。

**足の置き方の一例：**
両足をそろえて（❶）、かかとを軸に左足のつま先を 90 度開き（❷）、つま先を軸にかかとを 90 度外に開くと（❸）、両足の前後左右の間隔が、うまく保たれる。

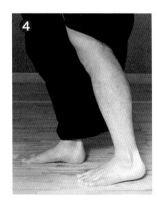

❹左脚のひかがみ（ひざの裏）がよく伸び、左かかとがやや上がった良い足の構え。

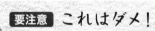

**要注意** これはダメ！

ひかがみが伸びていない悪い足の構え。さらにひざが曲がるとかかとも上がりすぎ、床を蹴る力が弱くなり、前に跳べなくなる。

# 稽古・試合での礼法

## 1. 構え方（始めの立礼から蹲踞）

❶左手で力を抜いて竹刀を持ち、左体側に堤刀（さげとう）する。

❷15度の目礼をする（目礼は相手の目に視線を向けて礼をすること）。

❸左腰に帯刀する。（たいとう＝帯に刀を差し入れるのを、竹刀を腰に当てることで表す）

❹❺右足から歩み足で大きく3歩進む。

❻❼3歩目で、右足を出しながら右手で柄を握り、袈裟懸（けさが）けの形で刃部を相手に向けるように抜く。

❽❾❿左足を引きつけながら左手で柄を握って構え、蹲踞（そんきょ）する。蹲踞は右足を前にし、左足は右足とかかとを近づけて90度近くに開き、両足ともかかとを浮かせてつま先立ちとなって、その上に腰を落とす。太ももに力を入れ、尻を落とさないように注意。立ち上がったときに開いた左足のつま先側を軸にかかとを外側にまわしてまっすぐにすれば、そのまま中段の構えの足を置く位置になる。

※木刀の場合は右手で堤刀し、目礼をしてから左手に持ち替え帯刀する。

## 2. 納め方（納めの蹲踞から立礼）

❶開始前に竹刀を構えた位置に戻って中段に構えて蹲踞する。

❷❸❹左手を離し、構えるときとは逆に、右手で左肩近くを通し、斜め上からまわして左腰に竹刀を納める。納めたとき、峯が下を向くようにする。

❺❻竹刀を左手に持ち替えたら、右手を脚の付け根辺りに置き、立ち上がる。

❼❽❾❿帯刀のまま、左足から歩み足で小さく5歩下がって元の位置に戻り、堤刀して目礼する。

※木刀の場合は元の位置に戻ったところで、左手から右手に持ち替えてから目礼する。

# 3. 開始の礼

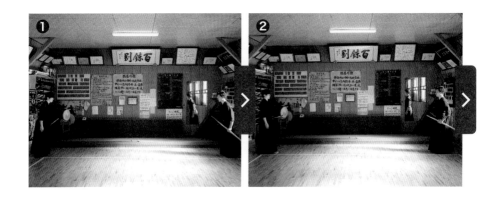

❶立会の間合に立って、お互いに目礼する。独りよがりにならず、お互いの目をしっかり見て、気持を合わせて行う。真剣に行うことで、立会の中での、お互いがここぞという合気の感覚を養うことができる。

❷〜❹礼をしたら帯刀して大きく3歩進んで抜き合わせ、蹲踞する。ここで稽古や試合では「始め」の号令があるが、本来、立会は礼のときから始まっている。目礼で相手から目を離さないのは、そのためでもある。したがって、合図はなくとも、お互いが気持を合わせて立ち上がるのが、武道としてのあるべき姿だろう。号令は号令として、お互いに気力を充実させて立ち上がるよう心がけるべきだろう。

※試合の場合は、試合場に入って、目測で開始線に3歩で行けるところに立ち、目礼をする。

立会の間合は、相手から自分までが9歩。したがって、「9歩の間合」とも言います。お互いに大きく3歩ずつ進めば、お互いの距離は残りの3歩となり、お互いに抜刀し蹲踞すれば、剣先が触れるか触れないかの位置になるのです。

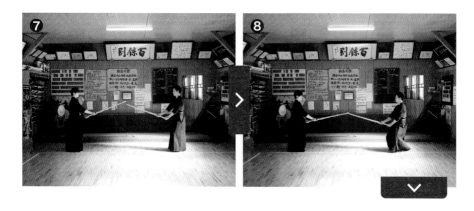

中・高校生の試合においては「始め」直後の「面」が決まるケースをよく目にします。気持ちが充実していないところを、狙われているということになるのでしょう。また逆に入れ込みすぎからか「始め」の声と同時に右足を一歩前に進めることも多いものです。すると直ちに一足一刀の間合になり、直後の技が唐突に決まることにもなります。自らが明確な意図をもってそこをねらっていくなら、選択肢の一つともなりますが、そうでないならば、まっすぐ立って、相手がくれば出ばなを、こなければ攻め込む心と体の備えを整えましょう。

## 4. 終了の礼

❶❷❸「止め」の号令で抜き合わせた位置に戻り、蹲踞して竹刀を納める。
❹❺❻立ち上がって帯刀のままお互いに小さく5歩下がり、提刀する。
❼目礼。

※試合の場合は、終わりの礼をしたら、振り向かずに相手を見たまま後退し、試合場外まで出る（試合場の白線を越える）。

# 第3章

# 剣道具を着けるまでの基本稽古

本書は、剣道具を着けるまでと、剣道具を着けて以降に大別し、第3章ではこれから剣道を始めようという人、剣道を始めたばかりの中学生、部活動で稽古方法に疑問を持つ高校生に向けて、知っておきたい基礎技術を紹介します。ある程度の基本技術を身につけている中・高生も、ぜひ見直してください。普段の稽古で行われている剣道具を着けずに行う素振りなどは、ウォーミングアップ（準備運動）ではありません。剣道の稽古であることを意識できれば、その効果の違いを実感できるはずです。

# 足さばき

## 1. 歩み足

通常の歩き方と同じく、前後に右足左足を交互に運ぶ。遠い距離を素早く移動する場合や、遠間からの打突の際などに使われる。切り返しを受ける場合も、素早い前進後退の移動がしやすく、リズムもとりやすいため歩み足が使われる。

&lt;前進&gt;

&lt;後退&gt;

## 2. 継ぎ足

間合が遠く、できるだけ警戒されずに距離を詰めたい場合に使う。左足（後ろ）が右足（前）を追い越さない程度引きつけて足を継ぎ、右足を大きく踏み出し、左足を素早く引きつける。動作が途切れないように一息で行う。勢いをつけるようなステップにならないように注意。

❶❷中段から左足を引きつける。
❸❹右足を大きく踏み出し、左足を引きつける。

QRコードで動画をチェック！

剣道の攻防には、体をさばくための「足さばき」が必ずといって伴います。姿勢を崩さずに攻め、姿勢を崩さず迅速に打突し、打突後も姿勢を崩さずに残心を示さなければ、有効打突とはなりません。その姿勢を支えるのが、体幹と足腰の強さであり、安定した足さばきです。剣道は「足で打て」と言われるように、足が重要な土台の部分といえます。

防御においても、相手の攻め、打突に応じきれず足さばきが追いつかなければ、姿勢が崩れそこをつかれることになります。

足さばきは、打突時の踏み込み以外は基本的にすり足で行います。大きな上下動は姿勢を崩すばかりでなく、攻め込まれる隙となります。

<前進の足の動き>

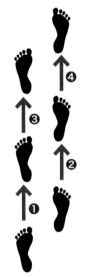

<後退の足の動き>

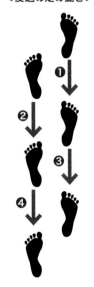

<足の動き>

## 足の拡大写真

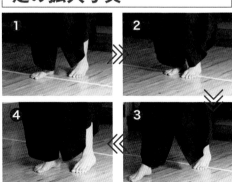

QRコードで動画をチェック！

## 3. 送り足

様々な方向へ、主に1、2歩の短い距離を素早く移動するための、剣道でもっとも多く使われる足さばき。移動する側の足から先に動かし、一方の足を直ちに引きつける（引きずるのでなく、きびきびと引きつけることを初心者は注意したい）。「前・前」「右・左」など、続けて行う場合は、反動をつけて上下動を起こしたり、左右にふらついて姿勢を崩したりしないよう、特に注意する。

初心者を卒業したレベルの人は、竹刀の操作と連動した攻めの場面や、応じる場面を想定して行い、より実戦的な稽古にしたい。

### ＜前進＞

❶中段
❷右足（前足）を1歩出す
❸左足（後ろ足）を引きつける

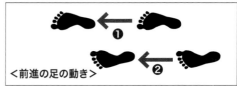

＜前進の足の動き＞

### ＜後退＞

❶中段
❷左足（後ろ足）を1歩引く
❸右足（前足）を引きつける

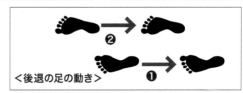

＜後退の足の動き＞

**＜右へ＞**

⌄

⌄

**＜左へ＞**

⌄

⌄

＜右への足の動き＞
❶中段
❷右足（前足）を右横へ
1歩出す
❸左足（後ろ足）を引き
つける

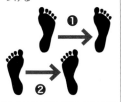

＜左への足の動き＞
❶中段
❷左足（後ろ足）を左へ
1歩出す
❸右足（前足）を引きつ
ける（中段に戻る）

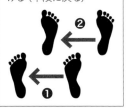

QRコードで
**動画を
チェック！**

041

「前・後・右・左」「1・2・3・4」などの掛け声をかけて行う。錬度によって歩数やスピードを上げ、負荷を増やす。歩数は各2（前前・後後・右右・左左）から8歩間（前進2歩→後退4歩→前進2歩→右へ2歩→左へ4歩→右へ2歩）など工夫する（斜めも同様に）。

### ＜前後右左＞

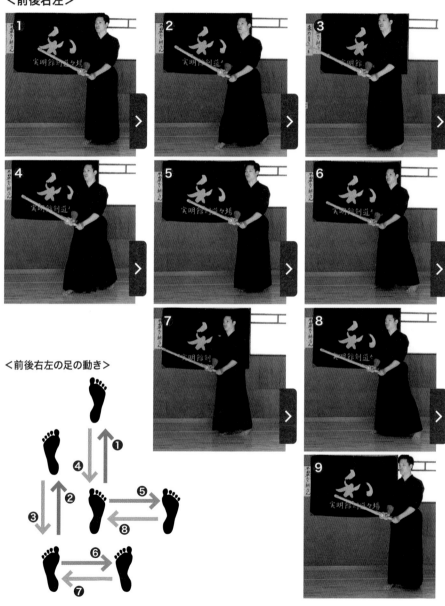

＜前後右左の足の動き＞

進みたい側の足から出していくことに変わりはないのだが、左斜め前へは、後ろ足となっている左足を先に出し、右足のかかとを左足のつま先の位置に引きつける。右斜め後ろは、右足から先に下がり、左足のつま先を右のかかとの位置に引く。

前に出るときは前足（右足）から後ろに引くときは後ろ足（左足）からと体で覚えていると、違和感を覚えるかもしれない。初心者の小学生に初めてやらせてみると、ほとんどが右足から出て、左足から下がって向きを斜めに変えてしまう。立会の中で、違和感なくスムーズに動けるようにしておきたい。

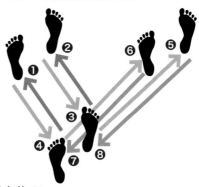

＜斜めの前後右左の足の動き＞

## ＜斜め左前→斜め右後ろ→斜め右前→斜め左後ろ＞

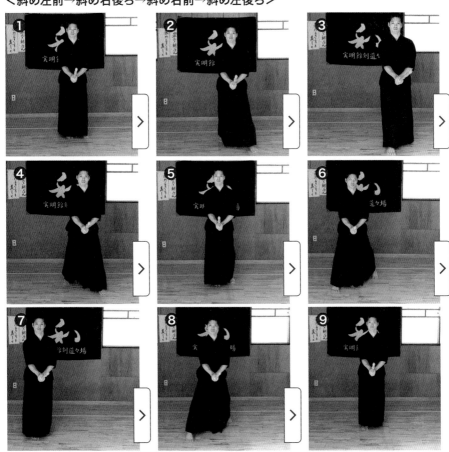

## 4. 開き足

中・高校生では、斜めの送り足と同様に通常、使う頻度は少ないと思われるが、相手を左右から攻める際や、相手の動きに応じる、さばくといった動作で必要になってくる。相手の攻撃をかわしてすぐさま攻撃に転じたり、返し技やすり上げ技で応じたりする際、必ずや活かされるので、しっかり身につけておきたい。すべて相手に正対した状態を保ちながら、行う。

### ＜右斜め前に開く＞

### ＜右斜め前に開くの足の動き＞

### ＜右斜め後ろに開くの足の動き＞

右に開くときは、右足を相手に向けながら出し、左足を引きつける。

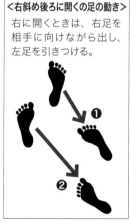

### ＜右斜め後ろに開く＞

QRコードで動画をチェック！

| ＜左斜め前に開く＞ | ＜左斜め後ろに開く＞ | ＜左に開く（右足前）＞ |
|---|---|---|

**＜左斜め前に開くの足の動き＞**

**＜左斜め後ろに開くの足の動き＞**

左に開くときは、左足を相手に向けながら出し、右足を左足の後ろに引きつける。

**＜左に開く（右足前）＞**

左足から出していくが、右足を前に引きつける。右から踏み込む打突に即結びつけられるが、相手に対する角度は左足前のときより浅くなる。

# 素振り

## 1. 上下振り

### ＜正面から（足さばきをつけずその場で）＞

頭上からひざの高さまで一拍子で大きく、正中線（鼻とへそを結ぶ線）上を振り上げ、振り下ろす。左右の手の力が均等でないと竹刀がぶれる。右手に力が入ったり、逆に左の手の内が緩んでいたりすることが、その原因となるので、右手に力が入っていると思ったら、左手だけで振ってみるとよい。微妙なところになるかもしれないが、右利きの人は右に力が入りやすいので、たまにチェックしておきたい。

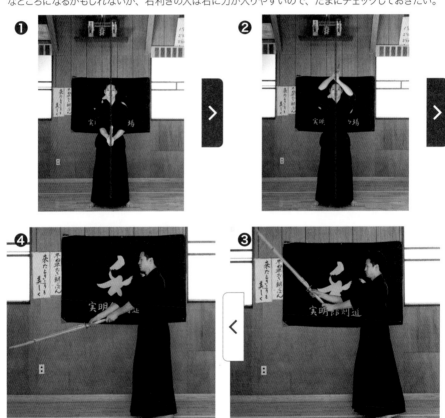

### ＜横から（足さばきをつけて）＞

右足を大きく出しながら大きく振り上げ、左足を引きつけながら鋭く振り下ろす。
数を数えるなどの声を出さない場合は、呼吸を意識して「すーっ」と大きく息を吸いながら振り上げ、「ふっ」と短く強くはきながら振り下ろす。

素振りとは、読んで字のごとく、実際の打突を伴わず、竹刀を上下や斜めに振る動作のことです。これによって竹刀の操作、正しい刀筋、手の内（握り）の作用を学び、足さばきを伴わせることで、剣と体の動きを協調させ、打突の基礎を作ります。地味で楽しい稽古ではありませんが、繰り返し行うことで、土台はより強固なものとなります。

空間打突は、素振と同じようなものですが、相手を頭に浮かべて打つ場所を想定し、そこに向けて、小手、面、胴、突きなどの打突動作を行うことです。準備運動としても効果があるため、稽古の始めに行われますが、単なる準備運動と

は考えず、打突部位を想定し、正しい構えから、前記の竹刀操作、刃筋、手の内、体との協調を意識し、気合を込めて行うほど、稽古の質の向上が実感できるはずです。

初心者にとっては、まず初めに教わるものですが、ここで覚えてほしいのは、肩の動かし方です。肩を動かせないとひじがすぼまって、大きは振りができず、冴えのある打ちはできません。

小学生であっても、一般、高齢者であっても、レベルの違いはあれ、求めるところは一緒です。地味で辛い稽古かもしれませんが、欠くことのできない大切な稽古です。

**❸**

**❹**

**❷**
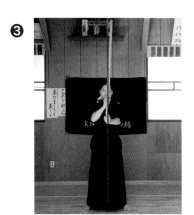

**❶**

QRコードで動画をチェック！

## 2. 空間打突／前進・後退の正面打ち

上下素振りを発展させて、正面素振りにしていく。面の高さで、スナップを利かすように手首を入れ、瞬間的に手の内を絞って止める。

こうすることで、剣先が後から鋭く出てくるような感覚になる。いわゆる「竹刀の先が走る」と言われる感じだ。

右足を出しながら、相手の面が左手の下から見えるところまで大きく振り上げて、左足を引きつけながら振り下ろし（❶～❺）、そのまま左足を引きながら振りかぶって、右足を引きつけて振り下ろす（❻～❾）。足の動きと合わせて、振る速さ、強さを上げていき、発声（「メン」や「1・2」などの数）を伴い「気・剣・体の一致」を意識して行う。

すべての技の基になるので、
稽古の始めに必ず行う。

QRコードで
動画を
チェック！

## 3. 斜め振り

**＜右側から＞**

## 4. 開き足での斜め振り

## ＜左側から＞

右側から／中段から正中線を通って大きく振り上げ、頭上で左右の手首を右に返し、右斜め上から左斜め下、剣先をひざの高さよりやや下まで振り下ろす。右手で角度をつけ、左こぶしは正中線を通る。左側からの場合は左右が逆になる。

刃筋を意識して行うようにする。この刃筋が同じの左右の面、左右の胴に発展させることができる。

❶❷❸中段に構え右に開きながら大きく振り上げて、右に手首を返し、右斜め上から左斜め下、ひざの高さよりやや下まで振り下ろす。
❹❺❼続けて左に開きながら、振り下ろした経路を通って大きく振り上げて、左に手首を返し、左斜め上から右斜め下、ひざの高さよりやや下まで振り下ろす。これを続けて繰り返す。

開き足を伴ったすり上げ技、返し技といった玄妙（げんみょう）な技につながる動きなので、これも準備運動と考えず、しっかりと身につけたい。

## 5. 空間打突／左右の面打ち

### ＜右面打ち＞

### ＜左面打ち＞

### >>>Point 手刀で刃筋を覚える

初心者には、いきなり竹刀で振らせず、手刀で手首の返し方、刃筋の方向を確認させる。竹刀の負荷がないため、正確な動作を覚えやすいので、跳躍素振りなどの足を覚えさせたいとき、すり上げや返し技を覚えさせたいときなどにも使える方法だ。竹刀が振れない狭い場所でのウォーミングアップにも使える。

右面打ち／斜め振りと同じ要領で、空間打突で右面を打つ。中段から正中線を通って大きく振り上げ（❶❷）、頭上で左右の手首を左に返して、相手の右面に向かって振り下ろし（❸❹）、スナップを利かすように手首を入れ、瞬間的に手の内を絞って止める（❺）。

右手で角度をつけ、左こぶしは正中線を通る。

左面打ち／左右が逆になる。

## 6. 空間打突／前進・後退の左右面打ち

左右の面素振りに足さばき（送り足）をつけて、連続で行う。前進・後退の正面打ちと同じ要領だが、右足を出しながら振り上げて（❶❷❸）、頭上で右に手首を返して、左足を引きつけながら、相手の左面に向かって振り下ろし（❹❺❻）、そのまま左足を引きながら振り下ろした軌道に振り上げ（❼）、頭上で左に手首を返して、右足を引きつけながら、相手の右面に向かって振り下ろす（❽❾❿）。速度を上げていくほど、振りと足の動きを一致させること、刃筋に気をつける。

QRコードで動画をチェック！

# 7. 小手打ち

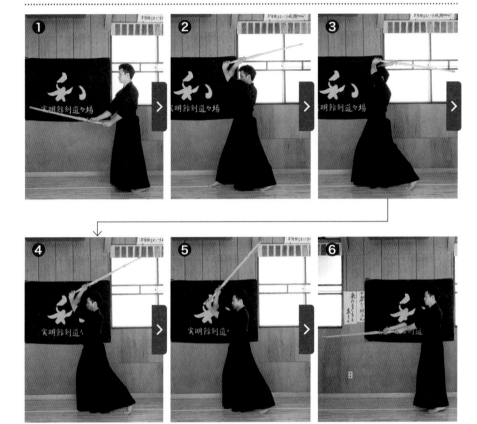

❶❷❸中段に構え、送り足で右足を出しながら、左手の下から相手の小手が見える位置まで、正中線上を振り上げる（面のときより低くなる）。

❹❺❻右足を引きつけながら、竹刀が床と平行よりやや下になるくらいまでまっすぐ振り下ろし（小手を切り落とすイメージ）、スナップを利かすように手首を入れ、瞬間的に手の内を絞って止める。

稽古で続けて打つ場合は、中段で気合を入れ、大きく1歩出ながら小手を打って、小さく1歩下がって残心、小さく1歩下がって中段を繰り返す（正面打ちを一本ずつ行う場合も同じ要領）。

# 8. 右胴打ち

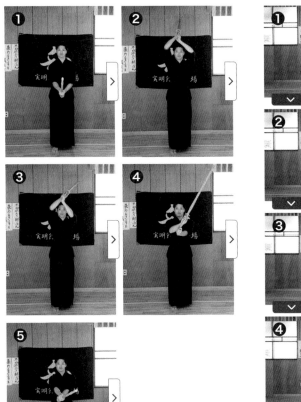

❶❷中段に構え、送り足で右足を出しながら、大きく正中線上を振り上げる。

❸❹❺頭上で手首を左に返して、左上から右下の斜めの刃筋で、相手の右胴に向かって振り下ろし、スナップを利かすように手首を入れ、瞬間的に手の内を絞って止める。

左手は正中線上を通り、へその前までしっかり振り下ろす。

QRコードで動画をチェック!

## 9. 左胴打ち

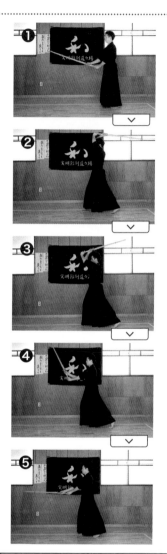

❶❷中段に構え、送り足で右足を出しながら、大きく正中線上を振り上げる。

❸❹❺頭上から手首を右に返して、右上から左下の斜めの刃筋で、相手の左胴に向かって振り下ろし、スナップを利かすように手首を入れ、瞬間的に手の内を絞って止める。

左手は正中線上を通り、へその前までしっかり振り下ろす。左胴は刃筋が立たない"平打ち"になりやすいので、空間打突で刃筋正しく振れるように繰り返し稽古しておく。

QRコードで動画をチェック!

# 10. 突き（高校生以上）

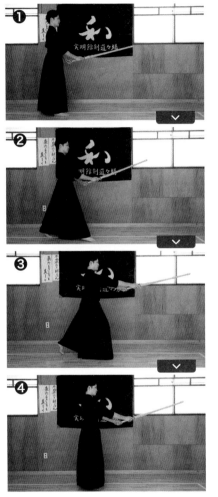

❶❷❸中段に構え、左足に重心を移して、送り足で右足を出しながら左右の握りをやや内側に絞りつつ、腰に力を込めて体全体で突くようなイメージで腕を伸ばし、相手の喉（のど）に向けて突く。

❹突いた後は、直ちに手元を引きながら左足を引きつけて、中段の構えに戻る。

突きは初心者には難しい技なので、小手、面、胴の打突をある程度しっかり身につけた後に行うほうがいいだろう。

QRコードで動画をチェック！

## 11. 跳躍素振り（早素振り）

❶❷❸❹❺送り足による正面素振りを、跳躍によって行う稽古方法。中段から正中線上に振り上げ、左足で床を蹴って右足から前に跳びながら振り下ろし、左足を引きつけて正面を打つ。
❻❼❽❾前に跳んで正面を打ったら、そのまま前に踏み込んだ右足で床を蹴って、左足から後ろに跳びながら竹刀を振り上げ、右足を引きつけて、再び右足から踏み込んで正面を打つ。

さらに後ろに跳んで振りかぶり、前に跳んで正面打ちと連続して行う。
両足がそろったり、前に打ち下ろしたときに右ひざが曲がりすぎたり、上体が前傾して体勢を崩したりしないように注意する。

※跳躍とは言っても、床から上に飛び跳ねるようにするのではなく、すり足で跳躍するという感覚で行う。

QRコードで
動画を
チェック!

# 竹刀（打ち込み棒）打突

竹刀や打ち込み棒で打突部位を示し、打突する稽古です。構え、足さばき、素振り、空間打突を発展させ、実際の立会での打突に近づけます。送り足から始め、踏み込み足で足と竹刀が一致するようにします。正しい姿勢を崩すことなく、体が前に出るようになるように心がけましょう。中学や高校で、剣道具をつけて活動をしている人なら、すでにこの段階を卒業していなければなりません。しかし、初心者の後輩に教える場面はあるはずですし、将来、指導者として子どもたちに教える立場になるかもしれません。大人数で練習する場合や稽古するスペースに制限がある場合、稽古の流れに変化をつけたいときなどに、工夫して取り入れるのもいいでしょう。スピード、強度、気合を高めることで、実戦的なウォーミングアップ、サイキングアップ（意識的に緊張や興奮を高めて気分を盛り上げる）において大きな効果を得ることもできるはずです。また、防具の負荷がかかりませんので、姿勢を保ちやすくなります。ですので、調子の悪いときなどに、打突時の姿勢（余勢で相手の横をすり抜けて残心まで）を気持ちよく矯正するのに役立てるのもいいでしょう。

## 1. 打突部位の示し方

**❶正面1**
送り足で行うときに正中線を振り上げ、振り下ろすことを意識させたい場合。安全のため、腕を頭上にまっすぐ上げるのではなく、ひじを伸ばし、額のやや斜め上方で面の高さに出すようにする。

**❷正面2**
中段に構えた竹刀を右に倒し、面の高さに保持する。竹刀が当たったり、体が接触したりする危険が少ない。踏み込み足で行う場合、中段で構えてから左に1歩動いて打突部を示し、打突後に残心を示すという一連の動作は、剣道具を着用の場合とほぼ同様となる。元立ちが右前になるため、裏からの面打ちの形となり、残心への振り向き方が、通常の表の逆になるので打ち込む者は注意する。

**❸小手**
面と同じように中段に構えた竹刀を右に倒し、小手の高さに保持する。正面2と同じく踏み込み足の場合にやりやすい。

**❹右胴**
中段に構えてから右手を右腰に移動させ竹刀を右体側に立て、左手で剣先のほうを握る。踏み込み足で行う場合、右前に足を出して打ち込む際は、衝突、接触に注意する。打突後、元立ちが1歩左に足をさばき、打ち込む者はまっすぐにすり抜けるやり方もある。

**❺打ち込み棒での面** **❻打ち込み棒での小手** **❼打ち込み棒での右胴**

※打ち込み棒は短くて扱いやすいが、打ち込む者が間合いを測りにくいため、元立ちが調整する必要がある場合もある。そのため、指導者が初心者を指導する場合に使うことが多い。

## 2. 正面打ち（送り足）

※以上をきびきびとした動作で繰り返し行う。

## 3. 小手打ち（送り足）

※以上をきびきびとした動作で繰り返し行う。

❶打突時の姿勢で、打突部を元立ちの竹刀の上に置き、そこから1歩引いた位置で中段に構える。正確に打突できるようになったら、間合を広げていく。

❷❸右足を出しながら、正中線を大きく振りかぶる（左手の下から示された面の位置が見えるくらい）。

❹左足を引きつけながら、振り下ろして面の位置の竹刀を打つ。右手は肩の高さ、左手は胸の高さで、手首のスナップを利かせ、瞬間的に手の内を絞って竹刀を止める。

❺1歩引いて残心。

❻もう1歩引いて中段に戻る。

❶前項と同じく、打突時の姿勢で、打突部を元立ちの竹刀の上に置き、そこから1歩引いた位置で中段に構える。正確に打突できるようになったら、間合を広げていく。

❷❸右足を出しながら、左手の下から示された小手の位置が見えるくらいまで、正中線を振りかぶる。

❹左足を引きつけながら、振り下ろして小手の位置の竹刀を打つ。竹刀が床と平行になる位置で、手首のスナップを利かせ、瞬間的に手の内を絞って竹刀を止める。視線が下を向いて、前傾したり、背中が丸まったりしないように注意する。

❺1歩引いて残心。

❻もう1歩引いて中段に戻る。

## 4. 右胴打ち（送り足）

※以上をきびきびとした動作で繰り返し行う。

## 5. 連続技 小手・面打ち（送り足）

※そこから1歩引いて残心。もう一歩引いて一足一刀の間
合い、もう一歩引いて元の中段に戻る。大きく2歩出た
ので小さく3歩戻って元に戻る計算。以上をきびきびとし
た動作で繰り返し行う。

❶前項と同じく、打突時の姿勢で、打突部を元立ちの竹刀の上に置き、そこから1歩引いた位置で中段に構える。正確に打突できるようになったら、間合を広げていく。

❷❸右足を出しながら、正中線を大きく振りかぶる。

❹頭上で両手首を左に返して左斜め上から、左足を引きつけながら竹刀を振り下ろし、右胴の位置の竹刀を打つ。右腕を伸ばし胴の高さで、手首のスナップを利かせ、瞬間的に手の内を絞って竹刀を止める。小手と同じく視線が下を向いて、前傾したり、背中が丸まったりしないように注意する。

❺1歩引いて残心。

❻もう1歩引いて中段に戻る。

QRコードで動画をチェック!

❶前項と同じく、打突時の姿勢（面の位置）で、打突部を元立ちの竹刀の上に置き、そこから2歩引いた位置で中段に構える。正確に打突できるようになったら、間合を広げていく。

❷❸❹右足を出しながら、正中線を小手の位置が左手の下から見えるくらいまで振りかぶり、左足を引きつけて小手の位置の打ち込み棒を打つ。

❺❻小手を打ったら直ちに右足を出しながら竹刀を頭上に大きく振り上げ、続けて面を打つ。

QRコードで動画をチェック!

## 6. 正面打ち（踏み込み足）

❶❷中段から左足に重心を
移しながら相手の面の位置
が左手の下から見えるくらい
まで、頭上に竹刀を大きく振
り上げる。

❸❹❺左足の指の付け根で
鋭く床を蹴って、右足から前
方に踏み込みながら、正面
の位置に竹刀を振り下ろす。
振り下ろし方は、これまでの
素振り、空間打突を参照。

❻❼❽打突後、直ちに左足
を引きつけ、元立ちの脇をす
り抜け、余勢で送り足を使っ
て3歩ほど進み、振り返って
残心を示す。

## 7. 小手打ち（踏み込み足）

❶❷中段から左足に重心を
移しながら相手の小手の位
置が左手下から見えるくらい
まで、頭上に竹刀を振り上げ
る。

❸❹❺左足の指の付け根で
鋭く床を蹴って、右足から前
方に踏み込みながら、小手
の位置に竹刀を振り下ろす。
振り下ろし方は、これまでの
素振り、空間打突を参照。

❻❼❽打突後、直ちに左足
を引きつけ、元立ちの脇をす
り抜け、余勢で送り足を使っ
て3歩ほど進み、振り返って
残心を示す。

※元立ちが再び面の位置を示し、稽古を
繰り返す。

QRコードで
動画を
チェック!

※元立ちが再び小手の位置を示し、稽古
を繰り返す。

QRコードで
動画を
チェック!

# 8. 右胴打ち（踏み込み足）

❶❷中段から左足に重心を移しながら、頭上に大きく竹刀を振り上げる。

❸❹❺頭上で手首を右に返して、左足の指の付け根で鋭く床を蹴って、右足から前方に踏み込みながら、右胴の位置に向けて斜めに竹刀を振り下ろす。振り下ろし方は、これまでの素振り、空間打突を参照。

❻❼❽打突後、直ちに左足を引きつけ、元立ちの脇をすり抜け、余勢で送り足を使って3歩ほど進み、振り返って残心を示す。右に踏み込む場合は、元立ちの左肩と自分の左肩が触れてすれ違うくらいのイメージで行う。

# 9. 連続技 小手・面打ち（踏み込み足）

❶❷中段から左足に重心を移しながら、小手の位置が左手下から見えるくらいまで竹刀を振り上げる。

❸❹左足の指の付け根で鋭く床を蹴って、右足から前方に踏み込みながら、小手の位置に竹刀を振り下ろす。

❺❻小手の位置を打ったら、直ちに左足を引きつけながら頭上に大きく竹刀を振り上げ、右足から踏み込んで正面を打つ。振り下ろし方は、これまでの素振り、空間打突を参照。

❼❽打突後、直ちに左足を引きつけ、元立ちの脇をすり抜け、余勢で送り足を使って3歩ほど進み、振り返って残心を示す。

※元立ちが再び右胴の位置を示し、稽古を繰り返す。

※元立ちが再び小手と面の位置を示し、稽古を繰り返す。

# 受け方

## 1. 面の受け方

### <表の受け方>

中段の構えから相手の動きをよく見て、左足からやや後ろに下がりながら剣先を右斜め上にし、竹刀の表（左側）で受ける。さらに受ける際に右への開き足を加えれば、踏み込み足で打ち込んでくる相手をさばいて、攻撃に転じられるようになる。応じ技への発展としては面すり上げ面、面返し胴など。

### <裏の受け方>

表と同様の動きだが、剣先を左斜め上にし、竹刀の裏（右側）で受ける方法。過剰に表を抑えて打ってくる場合、裏にまわして打ってくる場合に有効。左への足さばき（開き足）を加えて、攻撃に転ずる。応じ技への発展としては面すり上げ面、面すり上げ胴、面返し左胴など。

「攻めて相手を引き出して打つ、攻めて相手が出てこなければ攻め込んで打つ」。剣道は先を取って攻めることを最優先に求めます。ですので、受けるという考え方は、消極的に捉えられがちです。「よけている暇があれば打て」と先輩や先生に指導された思い出がある人は多いでしょう。ですが、打とうと思ったところで相手に先に打たれれば、応じなければなりません。さらに受けると同時にさばいて、直ちに攻撃に転じるのです。したがって、受け方の稽古をする際は、よけっぱなしにするのではなく、すり上げや返し技につなげることを意識して行うことが大切です。

稽古の方法としては、まずは足さばきを伴わず、近間で直立し、続けて打突してもらい続けて受けます。受ける手の使い方を覚えたら、一足一刀の間合から送り足で打突してもらい、足さばきを加えて受けます。さらに進んで、相手に踏み込み足で打ち込んでもらい、足さばきを加えた受けで、相手を左右にさばきます。受けがここまでできると、直ちに攻めに転じられるようになりますし、打つ側の竹刀打突の稽古にもなります。

## 2. 小手の受け方

### <表の受け方>

中段の構えから相手の動きをよく見て、左足をやや後ろに下げながら（または体を小さく左ないしは右に開き）、剣先を右斜め上にして、竹刀の表（左側）で受ける。左右への体の開きを使えば、踏み込み足で打ち込んでくる相手をさばいて、攻撃に転じられるようになる。応じ技への発展としては小手返し面、小手すり上げ面など。

>>>Point　正面から見た竹刀の動き。

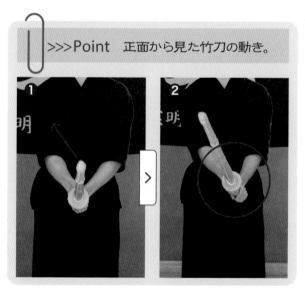

## ＜裏の受け方＞

中段の構えから相手の動きをよく見て、左足をやや後ろに下げながら（または体を小さく左に開き）、剣先をやや下げて、竹刀を裏にまわし手首を右に返して、裏（右側）で受ける。左への体の開きを使えば、踏み込み足で打ち込んでくる相手をさばいて、攻撃に転じられるようになる。応じ技への発展としては小手すり上げ面、小手すり上げ小手など。

>>>Point　正面から見た竹刀の動き。

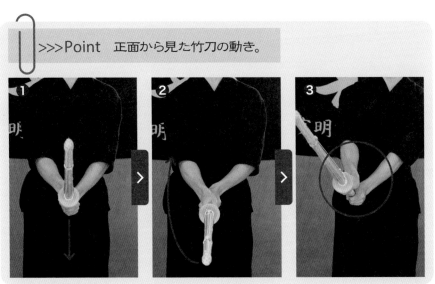

# 3. 右胴の受け方

### ＜打ち落とす受け方＞

中段の構えから相手の動きをよく見て、小さく左に体をさばき（開き足）、小さく振り上げて、右胴を打ってくる相手の竹刀を打ち落とす。直ちに応じ技に結びつけられ、開き足の角度をやや深くするなどで、そのまま相手をさばいて攻撃に転じられるようになる。

**※応じ技への発展としては、胴打ち落とし面、胴打ち落とし突き。**

### ＜左手を上げる表の受け方＞

中段の構えから相手の動きをよく見て、小さく左に体をさばき（開き足）ながら、剣先を右斜め下に下げ、左手を上げて表で受ける。左への体の開きを大きく使えば、踏み込み足で打ち込んでくる相手をさばいて、攻撃に転じられるようになる。

**※応じ技への発展としては、胴返し面、胴返し小手。**

# 4. 突きの受け方

### ＜表の受け方＞

中段の構えから相手の動きをよく見て、少し下がりながら、手元をやや上げて突きを竹刀の表側で受け、左にそらす。

**※応じ技への発展としては、突きすり上げ面。**

### ＜裏の受け方＞

中段の構えから相手の動きをよく見て、小さく左に開いて、手元をやや上げて突きを竹刀の裏側で受け、右にそらす。

**※応じ技への発展としては、突きすり上げ面。**

### ＜打ち落とす受け方＞

中段の構えから相手の動きをよく見て、右前にやや開きながら手元を上げず、左下に打ち落とす（上から押さえるイメージ）。

**※応じ技への発展としては突き打ち落とし面。**

# 間合

剣道の攻め合いは、中心の奪い合いと併せて行われる間合の奪い合いで、ここがとても重要な部分です。なんの根拠もなく振った竹刀が当たったとしも、評価はされません。攻め勝って打ってこそ、一本となる評価を受けるのです。「自分からは近く、相手から遠く」というのが、間合の理想と言われます。感覚的には、人それぞれであるものですが、攻めで優位に立つことで、仕方なく打ってくる相手を、出ばな技や応じ技で仕留めることができ、居つけば踏み込んで仕留めることができる自分の得意な距離ということでしょうか。

目に見える形としては、自分の陣地には相手を容易に入れず、こちらが相手の陣地へ攻め込むことで、優位に立つことです。遠間から一足一刀の間合に攻め込んでこようとする相手を、剣先を抑えるなどして牽制し、容易に入ってくることを許さず、こちらから一足一刀の間合に攻め込むのです。こうすると、その瞬間は、自分の陣地を確保したまま、相手の陣地を奪ったことになります。しかし仕留められなければ、相手が攻め返してくるかもしれません。今度はこれにどう応じるか。打ちにいくのか守るのか。この数秒の伸びるか反るかの攻防こそが、剣道の醍醐味です。

## ＜一足一刀の間合＞
一歩踏み込めば相手を打突することができ、一歩下がれば相手の攻撃をかわすことのできる間合。

[間合]

## ＜近間＞

一足一刀からさらに一歩つまり、自分も容易に打つことができるが、相手も容易に届く危険な間合。

## ＜遠間＞

一足一刀より距離があり、お互いともに打ち込んでも届かない間合。

# 第4章

# 剣道具の着装と収納

足さばき、素振り、空間打突、竹刀打突と部分練習を
発展させて身につけた技術を、今度は剣道具を身に
着け、より実戦的な状況で使いこなせるように稽古を
していきます。ここでは、まず剣道具の着装と収納法
を紹介していきます。

# 剣道具の着装

## 1. 剣道具の各名称

### ＜面＞

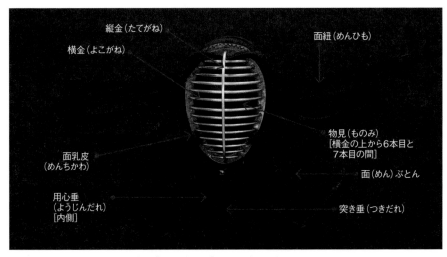

縦金（たてがね）

横金（よこがね）

面紐（めんひも）

物見（ものみ）
［横金の上から6本目と
7本目の間］

面乳皮
（めんちかわ）

面（めん）ぶとん

用心垂
（ようじんだれ）
［内側］

突き垂（つきだれ）

※乳皮は「ちかわ」とも「ちちかわ」とも読みます。

### ＜胴＞

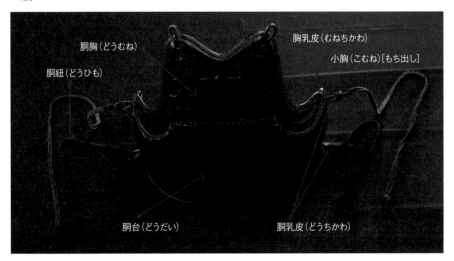

胴胸（どうむね）

胸乳皮（むねちかわ）

小胸（こむね）［もち出し］

胴紐（どうひも）

胴台（どうだい）

胴乳皮（どうちかわ）

## ＜小手＞

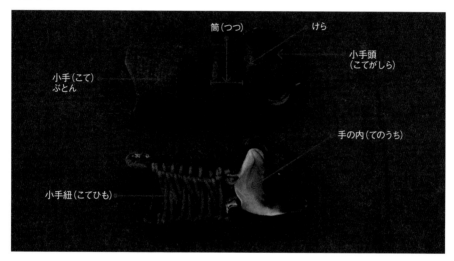

筒（つつ）　　　　けら

小手頭
（こてがしら）

小手（こて）
ぶとん

手の内（てのうち）

小手紐（こてひも）

## ＜垂＞

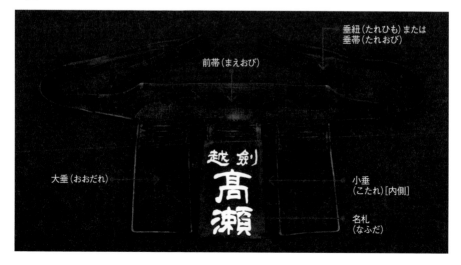

垂紐（たれひも）または
垂帯（たれおび）

前帯（まえおび）

大垂（おおだれ）

越剣
髙瀬

小垂
（こたれ）［内側］

名札
（なふだ）

## 2. 垂の着け方

❶前帯の下辺をへその下、袴の結び目の上あたりに当てる。

❷左右の垂紐を後ろにまわして交差させ、腹を引っ込めてから締める。

❸垂紐が緩まないように前に戻して大垂をめくって、裏側で蝶結びに結ぶ。垂紐の結び目の上の部分を小垂の裏側に入れ込む。

❹大垂を前に倒す。

# 3. 胴の着け方

❶右の上の胴紐を背中から左肩にまわす。

❷胴紐を裏から胸乳皮に通す。

❸胸乳皮より上部の胴紐の裏側で輪を作る。

❹丸より下になる胴紐を折り返して、折り返し部分を丸に通す。

❺胴を通した胴紐を引っ張って、固く結ぶ（同様に左の胴紐も右の胸乳皮に結ぶ）。

❻左右の下の胴紐を腰のあたりで、蝶結びに結ぶ。

## 4. 手拭いの巻き方

### ＜巻き方（その1）＞

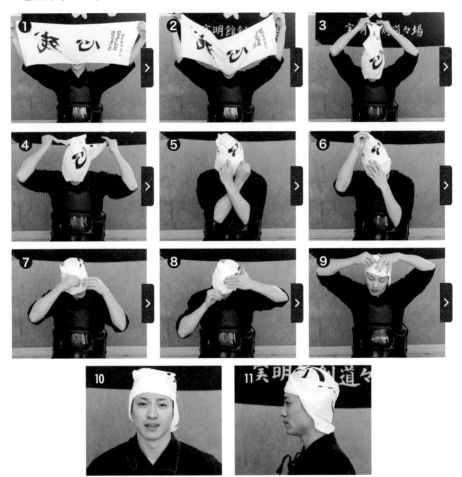

❶文字が自分から読める側にして、上の角を親指と人差し指でつまみ、広げる。

❷❸❹手拭いの下辺中央を前歯で噛んで、右、左と後頭部へ巻きつける。

❺❻❼額の前に戻して交差させ、一方を上にして一方を止め、上になった端を下から裏側に挟み込んで止めて軽く結ぶように固定する（普通の一重結びでも構わない）。頭部の余った部分をその結び目となった額の部分に差し込む。

❽❾額の結び目部分を押さえながら、噛んでいた部分を額までめくり上げる。

❿手拭いを巻き終えて正面から見たところ。

⓫横から見たところ。

## ＜巻き方（その2）＞

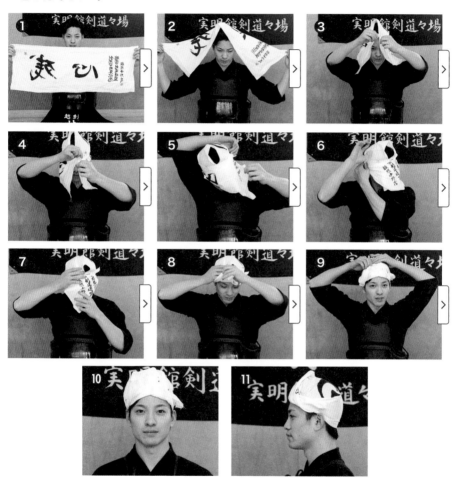

❶❷❸手拭いの上辺を持って、頭にかぶせるように後頭部にずらし、下辺が額の生え際の下に来たところで後頭部に手拭いを密着させたまま緩まないようにつかんだ両端を前に持ってくる。

❹❺額の前で交差させ右手側を額の左側に持っていき左側を上からかぶせて引っ張って止める。

❻❼❽❾緩まないように、左側の端を額の右に移動し、顔の前の余った部分を軽く下に引き、額の上にめくり上げる。

❿手拭いを巻き終えて正面から見たところ。

⓫横から見たところ。

## 5. 面の着け方

❶面紐を面の後頭部側からまわして、縦金の最上部に通して準備する。

❷❸頭から面をかぶり、あごを内輪にしっかり入れる。

❼面紐の両端を持ってもう一度しっかり締める。

❽❾面紐が緩まないように後頭部へまわし、両目の後ろの高さで蝶結びに結ぶ。結び目の先は長さをそろえる（面を着ける以前に長さを確認しておき、40センチ以内となるように切りそろえておく）。

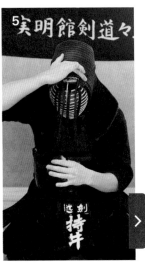

❹面乳皮から少し先の部分の
面紐を持って後頭部で一度締
める。

❺❻面紐が緩まないように片手を使い、こめかみあたりで押さ
えて、一方の手で左右の面紐の先を引っ張る。

❿左右の側部の面紐をよじれ
がないようにそろえる。

⓫両手で面ぶとんを左右やや
斜め上に向けてひっぱり、耳
との間に少し隙間を開ける。

⓬面を着け終えて正面から見
たところ。目が物見の位置に
合っているか確認し、ずれてい
れば調整する。

## 6. 小手の着け方・外し方、面の置き方

❷最初に左の小手を着ける。

❶小手の紐は強く締めずに少し余裕を持たせる。きつくするよりも緩いほうが、打撃の衝撃を軽減できる。余分な小手紐が長く垂れないように、紐が伸びていたら両端をちょうどよい長さに切って結んでおく。

❸次に右の小手を着ける。

❹❺外すときは反対に右の小手を先に外し、左の小手を外す。小手は右ひざ頭の前に小手紐側を下にして、横向きに並べる。左の小手も同様に右の小手と平行に並べる。

※小手頭の向きは諸説あります。全剣連では筒を左に向けて置くと指導しています。

❻面は平行に並べた小手の上に、面金を下にして転がらないように置き、手拭いを広げてかぶせる。

❼または手拭を四つ折りにし、面の中に入れる。

❽小手と面は右ひざの前、竹刀は鍔をひざと同じ位置にして置く。座礼をするときにぶつからないようにするため。

# 7. 剣道具着装後の姿

## ＜正面＞

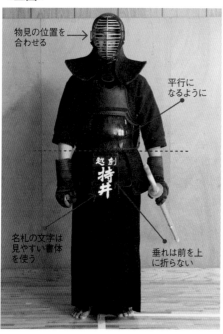

物見の位置を合わせる →

平行になるように

名札の文字は見やすい書体を使う

垂れは前を上に折らない

越剣特井

- 各紐はねじれがないかに注意し、結び目の付近を両方向に引っ張って、ほどけないように固く結んでおく。
- 物見の位置が合っているか確認し、合っていなければ面の位置をずらして微調整する。
  胴は下辺が床と平行になるように、肩にまわす胴紐を調整する。
- 垂はまっすぐに。下側を前上に折らない。名札は読みやすい書体を選択する。

## ＜側面＞

- 面紐の結び目は両目の間の後ろあたりにする。上すぎると外れやすく危険。下すぎる（首にかかる）と面布団が密着し、打突の衝撃が大きくなる。
- 面紐は2本をそろえておく。

※着装が乱れるとだらしなく見えるので、着装後も手短に
チェックする癖をつけておく。

## ＜後ろ姿＞

- 面紐の長さは結び目から40センチ以内。新しいものは特に伸びやすいので、日ごろ確認をして長ければ切っておく。切ったところがほつれないように糸を巻いて、しっかり止めておく。
- 手拭いは面の中にしっかり収める。面からはみ出ていないか確認。
- 胴紐もよじれがないように。

手ぬぐいは外に出ないよう面の中に収める

結び目から40cm以内に

胴紐のよじれがないように

面紐をそろえる

結び目は両目の間の後ろあたりに

# 剣道具の収納

剣道具を結束して、剣道具袋にしまうまでと、道場の壁や物干し竿などに吊るすための結束方法を紹介します。剣道具、剣道着は剣道具袋に入れっぱなしにせず、持ち帰ったら風通しの良い場所で乾燥させ、家の中でも湿気のこもらない場所に保管します。剣道着、袴も同様でハンガーなどにかけ、湿気のないところに吊るしておきます。決まった方法があるわけではありませんが、きちっと整理し、大事に扱いましょう。

## 1. 結束して剣道具袋にしまう

❶垂紐のしわを伸ばす。
❷中央の大垂に垂紐を巻きつける。
❸垂を裏返して（写真の名札は両面仕立てです）、胴に重ねる。
❹❺上の胴紐を垂の中央で十文字に交差させ、裏返して胴の裏側で蝶結びに結ぶ。

❻❼下の胴紐を胴の脇部分に引っ掛けて、垂の端を止めながら、表側から裏側にまわす。

❽胴紐を引っ掛けたところに先端をくぐらせ、引っ張って結び止める。

❾防具袋と畳んだ剣道着と袴、結んでまとめた剣道具。小手は面に小手頭を天の部分に向けて納め、面は面紐を絞って軽く蝶結びして止めておく。

❿剣道具袋に、結束した胴・垂、結束した面・小手の順に収納する。

⓫袴と剣道着を収納する。

## 2. 結束して吊るす

❶面紐を通したまま、引っ張って軽く絞る。

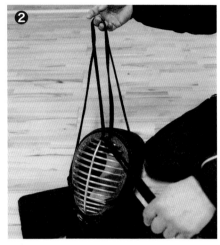

❷❸面紐の後頭部で交差している部分を外して上に持ち上げる（壁などにかける部分になるので、この時点で長さを調整しておく。**(❷)**の写真の左手側を引っ張れば、短くなる）。

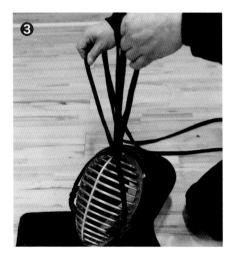

❹持ち上げた部分に面紐の先部分を巻きつけてチチワを作る（小手をかける長さに調整）。チチワ部分の紐を小手の中に通し、親指部分に引っ掛ける。

[結束して吊るす]

❺❻反対の小手も同様に引っ掛け、後頭部部分から外した紐を上に引き上げる。

❼❽引き上げた紐を胴の裏側についている革の輪に通して持ち上げ完成。手に持った部分を壁のフックや物干し竿に通して吊るし、剣道具を乾燥させる。

# 第5章

# 剣道具を着けてからの稽古

## 技の極意と応用の実践へ

足さばき、素振り、空間打突、竹刀打突と部分練習を発展させて身につけた技術を、剣道具を身につけて、より実戦的な状況で使いこなせるように稽古をしていきます。剣道は、自分と相手が相互に学び、高め合うものです。基本打ちの練習を交互に行うことが、普段の稽古の中にあると思いますが、上達のポイントは、受ける側がどれだけ真剣にできるかに大きな比重がかかります。打たせるときは休みの時間とさぼっているようでは、引き締まった緊張感のある稽古などできるはずもありません。基本で強くなるためには、ここがとても大切なところです。

# 基本動作の稽古法（切り返し）

## 1. 正面打ちから体当たり（切り返しの準備として）

切り返しは、正面打ちと連続左右面打ちを組み合わせた稽古方法で、構え・間合・足さばき・刃筋・手の内の作用・呼吸と様々な基本動作を総合的に鍛えることができます。初心者から熟達者まで、剣道の稽古では必ず行う、欠くことのできないものです。

❶❷❸遠間の中段から、一足一刀の間合に攻め込んで、大きく振り上げる。
❹❺❻左足で床を強く蹴りながら、右足から大きく踏み込んで正面を打つ。
❼❽余勢で相手の体にぶつかると同時に、両こぶしで下腹から押し上げるようにする。
※切り返しでは、現在は体当たりせず、受ける側が1歩引いて間合をつくるように指導されています。

❾❿互角稽古や試合では、相手の体勢が崩れたところを逃さず打突する。この稽古や切り返しでは、受けるほうも両こぶしを腰の位置に構え、少し体を前に移動させて、迎え撃つようにぶつかってから、衝撃を軽くするため、少し下がるようにする。連続して行う場合は、ある一定の距離を定めて面から体当たりで押していく（受ける側は体当たりで押された分だけ下がる）か、受ける側が押し戻すようにし、打ち込む側も下がって中段に戻って決めた回数を繰り返す。

## 2. 連続左右の面打ち

❶❷❸一足一刀の間合から、送り足で右から前に出ながら、まっすぐ大きく振り上げて、頭上で手首を右に返し、左足を引きつけて、左面を打つ。
❹❺❻そのまま送り足で前に出ながら、振り下ろした軌道に沿って大きく振り上げ、頭上で左に手首を返し、左足を引きつけて、右面を打つ。

❼❽❾左足から下がりながら振り上げ、右足を引きつけて左面を打つ。
❿⓫⓬同じ要領で右面を打つ。

※回数は状況に応じて決める。大きな振りで刃筋正しく正確に行い、左右の面をしっかり打つ。切り返しでは竹刀を打つのではなく、左右の面を打ちにいくので、受ける側が竹刀で受けなければ、左右の面にしっかり当たらなければならない。この稽古で左右面の位置と、そこまで打ち切る感覚を体に覚え込ませる。

## 3. 切り返しの受け方

受ける側は、おおむね右手は胸の高さ、左手は腰の高さで竹刀を垂直に立てて、歩み足で左右の面打ちを受ける。相手の動きに合わせて、間合を測ることで、その目を養う。受け方としては、左右の面の位置で打ちを受ける瞬間に手の内を握りこむ通常の方法、引き込むように打ちを受ける方法、跳ね返すように打ちを受ける方法がある。

### ＜引き込むように受ける＞

### ＜跳ね返すように受ける＞

<＜引き込むように受ける＞
面の位置までしっかり打たせるように、
打ち込んでくる竹刀が当たる瞬間、手首
を使って竹刀を自分のほうに引き戻し、
打ち込まれる竹刀を引き込むようにする。
面より上方の竹刀を打ってしまい、打ち
が面の位置まで届いていない場合に矯正
するのによい。

＜跳ね返すように受ける＞
打ち込まれる竹刀が当たる瞬間、手首を
使って跳ね返すようにする。受ける側が、
リズムを作ってスピードをアップするこ
とができる。面の位置までしっかりと打
てるようになった後に強度を増していく
ときに行う。

## 4. 通常の切り返し

❶❷❸遠間から一足一刀の間合に攻め込み、正面を打つ。

❹余勢で体当たりし、後退させて間合を作る。受ける側も腰を入れてしっかりぶつかり、大きくは下がらず、ちょうどよい間合を作るようにする。

❺❻❼❽大きく振り上げて、右足から前進し左面打ち、打ち下ろした軌道でそのまま振り上げて前進し右面打ちを2度繰り返し、❾〜⓯同様に左

この稽古は、打ち込む側と受ける側が一定の手順で行う。遠間で「やー」と気合を込めた声を発し、一足一刀の間合に攻め込んで、正面打ちから体当たり、連続左右面打ち（左面から）を前進で4回、後退で5回打って相中段に戻り（ここまで息継ぎをせず一呼吸で行い、息を吸って）、同じ動作をもう一度行い、正面打ち（ここまで息継ぎをせず一呼吸で行い、息を吸って）、

「やー」と気合を込めた声を発し、正面を打って元の位置に戻り残心を示す。その後、打ち込む側と受ける側を交代する。目的によって、ゆっくり大きく正確に、あるいは大きく激しくなど振り方を変え、手順も正面打ちを連続で2往復行って切り返しを1回、回数を決めて道場の端から端まで1回など、アレンジして行うと、それぞれに違った効果が生まれ、稽古の幅が広がる。

※切り返しでは、現在は体当たりせず、受ける側が1歩引いて間合をつくるように指導されています。

足から後退しながら左面打ち、右面打ちを2度行い、左面打ちと続け、大きく退いて一足一刀の間合に戻り、再び正面打ちにつなげる。

※写真は左右面を前進で2回、後退で3回にしている。

QRコードで動画をチェック！

105

## 5. 左右の胴を打つ切り返し

左右の面打ちを、左右の胴打ちに代えて行う切り返し。振り幅がより大きくなるため、姿勢を崩さずに正確に行えば、体幹も鍛えられ、手首を柔らかく使えるようになる効果もある。

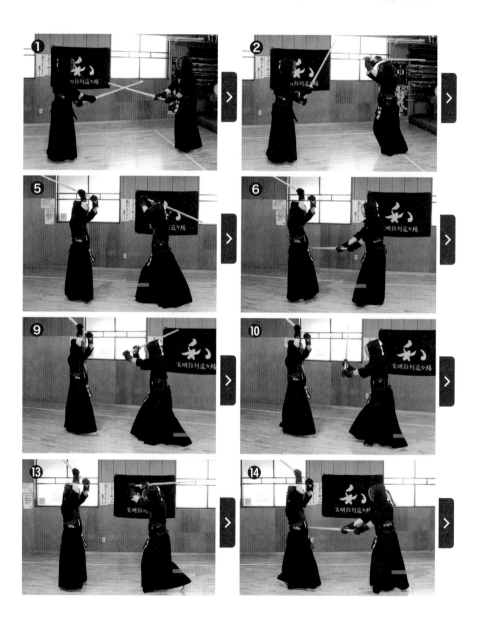

❶❷❸遠間から一足一刀の間合いの攻め込み、正面を打つ。
❹受ける側が1歩下がって、ちょうどよい間合を作るようにする。
❺❻❼❽大きく振り上げて、頭上で右に手首を返し、右足から前進して左胴打ち、打ち下ろした軌道でそのまま振り上げて前進し右胴打ちを2度繰り返す。
❾〜⓯同様に左足から後退しながら左胴打ち、右胴打ちを2度、左胴打ちと続け、大きく退いて一足一刀の間合いに戻り、再び正面打ちにつなげる。

※写真は左右の胴打ちを前進で2回、後退で3回にしている。

QRコードで
動画を
チェック！

## 6. 左右の面と左右の胴の切り返し

左右の面打ちと、左右の胴打ちを組み合わせた切り返し。正面打ちで受けてが1歩下がり、右足から前進4歩で左面、右面、左胴、右胴、左足から後退しながら振り上げて（写真はここまで）後退5歩で左面、右面、左胴、右胴、左胴で大きく下がり一足一刀の間合いに戻り、もう1度繰り返す。上下の打突が繰り返されるため、それを支える体幹がより鍛えられ、連続技を繰り返すことのできる体力と意識が養われる。

❶❷❸❹遠間から一足一刀の間合の攻め込み、正面を打つ。受けてが1歩下がり間合を作る。
❺❻❼❽前進2歩で左面、右面と続けて打つ。
❾❿⓫⓬続けて前進2歩で左胴、右胴と打つ。
⓭左足から1歩後退し振り上げて、後退の5歩につなげる。

QRコードで動画をチェック！

# 対人の技能 しかけ技

剣道では「打って勝つのではなく、勝って打て」と教えられます。しっかりと構えている相手に闇雲に打ちかかったとしても、そうそう打突部位を捉えられるものではありません。無理に打てば体勢も崩れているはずですから、有効打突（※1）とはなりにくいはずです。偶然に当たることはあるかもしれませんが、それは偶然であって必然ではありません。中心を取り、間合を詰め、攻め勝ったときに、相手はそれを防ごうと過剰な反応を含み、なんらかの動きを起こします。そこを逃さず打つのです（※2）。もし、何の反応もなければ、攻め込んで相手の竹刀を制して、打ち込みます。剣道は相手に合わせるのではなく、自らが先手を取って攻める

ことが肝心ですので、初心者はしかけ技から習得すべきですし、基本打ちの稽古では、しかけ技の割合を多くすることがすすめられます。中学・高校生の試合で、一方が安易に一足一刀の間合に入り、そこでじっと待って、出ばなをねらおうとするのを目にします。力の差があれば、きれいに決まります。しかし、そこで攻め返されると、案外と体勢を崩してしまいます。攻めになっていなかったということなのです。また、出ばな技を応じ技と勘違いしている節もありますが、出ばな技は、先を取って攻め、相手の起こりを捉えるいわば「先の先」を取る究極のしかけ技です。

## 打突部位の確認

<中段の打突部位>

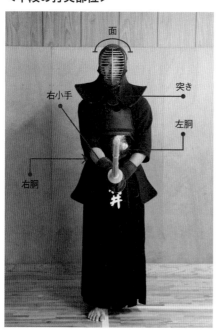

<上段の打突部位>

**＜面＞**

**＜右小手＞**

**＜右胴＞**

**＜左胴＞**

**＜突き＞**

**＜左小手＞**

※1＝有効打突は充実した気勢、適正な姿勢をもって、竹刀の打突部で打突部位を刃筋正しく打突し、残心あるものとする。＜剣道試合・審判規則、第12条＞

※2＝攻めは表からだけでなく、裏を攻める、小手を牽制し面、右足を出して攻めてみるなど、バリエーションを付ける。剣先が下がれば面、剣先が上がれば小手、手元が上がれば胴、剣先が左に外れれば（自分から見て右）面、小手。右に外れれば面。

# 一本打ちの技

## 1. 攻め込んで面

>>>Point

表から剣先を
利かして中心
を奪う。

❶相中段で遠間に構える。

❷機を見て、中心を取るように剣先を利かせながら右足から出、直ちに左足を引きつけ、一足一刀の間合に入ったら、わずかに左こぶしを前に出して胸から喉を突くような気持で中心を攻める。

❸❹相手が攻めに反応し、後ろに下がろうと後傾して構えを崩したら、そこを見逃さず、一気に大きく振り上げて、左足で床を蹴り、右足で踏み込むと同時に右腕を伸ばして正面を打つ。

❺❻❼直ちに左足を引きつけ、相手の左側をすり抜けて、余勢で3歩ほど送り足を使って進み、振り向いて残心を示す。

相手が表を奪い返しにきたら、場合によっては裏を取って攻める。

QRコードで
動画を
チェック!

## 2. 攻め込んで小手

❶相中段で遠間に構える。

❷機を見て、中心を取るように剣先を利かせながら右足から出、直ちに左足を引きつけ、一足一刀の間合に入ったら、わずかに左こぶしを前に出して胸から喉を突くような気持ちで中心を攻める。

❸❹❺❻相手が攻めに反応し、面を防ごうと手元を浮かせて剣先を上げ、構えを崩したら、素早く振り上げて、左足で強く床を蹴ると同時に右足から踏み込み、小さく鋭く小手を打つ。

❼直ちに左足を引きつけて、体勢を崩さないようにする。

❽❾❿相手の左側をすり抜け、余勢ですり足を使って3歩ほど進み、残心を示す。稽古では元立ちが、自分の左に一歩移動してまっすぐすり抜かせてもよいし、体当たりをさせてもよい。安全確保のため、右に抜けるか左に抜けるか、体当たりか、都度、約束事として決めて行う。

QRコードで動画をチェック！

## 3. 攻め込んで胴

❶相中段で遠間に構える。

❷機を見て、中心を取るように剣先を利かせながら右足から出、直ちに左足を引きつけ、一足一刀の間合に入ったら、わずかに左こぶしを前に出して胸から喉を突くような気持ちで中心を攻める。

❸❹❺❻相手が攻めに反応し、喉への攻めを防ごうと剣先を上げようとした瞬間に、大きく振り上げることで面を打つと見せて、大きく手元を上げさせ、左足で床を蹴って、右足で右斜め前に踏み込み、一気に右胴を打つ。

❼左足を引きつけて、大きく体が逃げることのないよう自分の左肩と相手の左肩をこするような気持ちで、相手の左側をすり抜ける。

❽❾❿余勢ですり足を使って3歩ほど進み、残心を示す。

QRコードで動画をチェック！

## 4. 攻め込んで左胴

❶相中段で遠間に構える。

❷機を見て、中心を取るように剣先を利かせながら右足から出、直ちに左足を引きつけ、一足一刀の間合に入ったら、わずかに左こぶしを前に出して胸から喉を突くような気持で中心を攻める。

❸❹❺❻❼相手が攻めに反応し、竹刀を右斜めに倒すように防御してきたら、頭上で手首を右に返し、左胴を打つ。

❽❾❿左胴の場合は引いて切る形になるので、踏み込んだ右足を引き戻してその場で残心を示す。

>>>Point

竹刀を自分の右斜め前に倒して、
面と胴と小手を同時に守ろうと
すれば左胴に隙ができる。

QRコードで
動画を
チェック！

## 5. 攻め込んで諸手突き

❶相中段で遠間に構える。

❷機を見て、中心を取るように剣先を利かせながら右足から出、直ちに左足を引きつけ、一足一刀の間合に入ったら、わずかに左こぶしを前に出して胸から喉を突くような気持ちで中心を攻める。

❸❹❺❻相手が攻めに反応し、写真のように自分の表側を過剰に守ってきたら（または剣先を下げて守ってきたら）、その瞬間を逃さず、最短距離で喉を突く。

❼直ちに左足を引きつけて、体勢を崩さないようにする。

❽❾❿突いた後はすぐさま手を引いて、相手が下がっているため、その場で中段に戻り残心を示す。

QRコードで動画をチェック!

## 6. 遠間から攻めて片手突き

❶遠間で相中段となる。

❷剣先を利かして牽制し相手に攻め込ませることを許さず、中心を取る。

❸❹❺❻相手が剣先を下げて守ろうとしてきたら、最短距離で喉を突く。遠間のときは途中で右手を放す片手突きのほうが長い距離を突けるため選択肢としては有効となる。ただし片手となるために竹刀がぶれやすいので、左手を中心線から外さないように注意する。

❼❽すぐさま左足を引きつけ、左手を引いて体勢を崩さないようにする。

❾❿相手が下がっているため、その場で中段に戻り、残心を示す。

QRコードで動画をチェック！

# 払い技

## 1. 払い面（表）

払い技は、相手の出るところ、引くところをねらって、相手の竹刀をタイミングよく払い上げ、または払い落として、構えを崩し、打突する技。払うときには瞬間的に剣先を中心から外すことになるので、ぎりぎりまで外さないようにし、振り上げと一連の動作となるように、スナップを利かせ鋭く払うようにする。

❶相中段で攻め合う。
❷❸❹機を見て右足から攻めて出ながら、剣先をわずかに右斜め前に下げ、左足を引きつけて、右手のひらを上に向けるように手首を返して相手の竹刀を鋭く払い上げる（払い上げる動作は、そのまま振り上げる動作になる）。払い上げは弧を描くように。横に払うと、振り上げと一連の動作にならないので注意する。払う場所は中結いあたりが最も効果がある（※裏からの場合は左斜め前に下げ、手の甲側へ手首を返すように払い上げる）。
❺❻左足で鋭く床を蹴ると同時に右足から踏み込んで正面を打つ。余勢で、相手の左側をすり抜け、3歩ほど進んで振り返り残心を示す。

**斜め前から見た裏からの払い上げ**
中段から、わずかに剣先を下げ（❶）、
弧を描くように払い上げる（❷❸）。

QRコードで
動画を
チェック！

## 2. 払い落とし面（表）

❶相中段で攻め合う。

❷❸機を見て右足から攻めて出ながら、剣先をわずかに右斜め前に上げ、左足を引きつけて、手のひらを床に向けるように手首を返して、相手の竹刀を左前方へ払い落とす。左足を引きつける際に重心は左足に移動する。剣先を低くして出てくる相手には、特に有効となる（※裏からの場合は、相手の竹刀の下から小さく円を描くように裏へまわして手の甲を床側へ向けるように手首を返して払い落とす）。

❹❺❻払い落とした反動を利用するように一連の動作として小さく振り上げ、左足で鋭く床を蹴ると同時に右足から踏み込んで正面を打つ。余勢で、相手の左側をすり抜け、3歩ほど進んで振り返り残心を示す。

**斜め前から見たからの払い落とし**

❶→❷中段から左前へ（表）

❶→❸中段から右前へ（裏）

QRコードで
動画を
チェック！

# 3. 払い小手

❶相中段の攻め合いから、機を見てわずかに剣先を下げ、竹刀を裏にまわす。

❷❸❹下から、右側が膨らむ弧を描くように小さく払い上げると同時に右足を出す。

❺❻そのまま左足で鋭く床を蹴って踏み込み、上から下にまっすぐ手を伸ばして、基本通り最短距離で相手の右小手を打つ（※中・高校生で見かけることがよくあるが、斜めに打つと、平打ちになりやすいのでやらない）。

❼❽左足を引きつけて体勢を保ち、余勢で相手に体を寄せ残心とする。

裏から払う要領は払い面と同じだが、払い上げる動作が小さくなり、払いから打突と瞬発的な動きとなるので、小手先の技にならないように腰を入れて行う。

QRコードで
動画を
チェック！

## 4. 払い落とし突き（表・裏）

**＜表＞**

**＜表＞**

❶相中段で攻め合う。

❷機を見て瞬発的に右足から出、左足を引きつけると同時に、手のひらを床に向けるように手首を鋭く内側にまわして（回内）、竹刀の接している部分を叩き、相手の竹刀を左前方に落とす。小さな動きで、剣先を相手の喉から外さないように注意する。

❸❹相手の竹刀が開いたところを、すかさず左足で鋭く床を蹴ると同時に右足から踏み込み、最短距離で突く。

❺❻直ちに手元を引いて、左足を引きつけて体勢を安定させ、中段になって残心を示す。

<裏>

<裏>
裏からの場合は、表から相手の竹
刀の下で半円を描くように鋭く裏
にまわし、そのまま手の甲を床に
向けるように払い落とす（❷❸）。
そのほかは同じ。

# 出ばな技

出ばな技は、相手が攻撃に出ようとする出頭を押さえて打突する技です。攻撃することに気持ちが向いているところを攻撃されると、対応することが難しくなるので、ねらい目となります。ただし、出頭をねらうと言っても、待つのみで単に合わせようとすれば、相手の前に出る勢いに押される形になり、合い打ちの面になっても審判の旗は相手に上がるでしょう。先手を取って攻め、仕方なく出ようとする相手の出頭を打つ、または攻め合いの中で打ち気を誘って、その出頭を打つことでこの技は成り立つのです。

## 1. 出ばな面

❶❷相中段の遠間から機を見て、右足から一歩攻める。すぐに左足を引きつけるが、右足の動きに相手が乗ってくることもあるので、右足を前に出しながら床に下ろさず、そのまま打ちにいくこともあるので、頭に入れて心の準備をしておく。

❸❹❺この攻めに対し相手が動作を起こそうとした瞬間、右足から踏み込み一気に面を打つ。竹刀は大きく振り上げない。腹の前で左こぶしをわずかに下げ、右手の親指を立てるように手首を立てて、竹刀を振り上げた状態を作り、相手の竹刀の上から乗るイメージで、そのまま腕を伸ばし、手首を利かせて、小さく鋭く打突する。相手も出てくる分、大きく踏み込むと元打ちになりやすいので注意。

❻❼❽❾❿打突後は直ちに左足を引きつけ、余勢で相手の左脇をすり抜け、3歩ほど進んで残心を示す。

※写真は安全を考慮し、打たれた元立ちが右に移動して、道を作っている。

QRコードで動画をチェック!

## 2. 出ばな面の段階的稽古

動作を約束事として決め、打突の機会を習得する稽古法。初心者はこの稽古から始めると感覚をつかみやすい。自分の動作に違和感があり、うまくいかないときにも、この稽古が有効となる。また、出ばな小手の稽古にもそのまま応用できる。

❶相中段で一足一刀の間合に構える。

❷❸相手が右足から一歩出てくるので、左足から一歩下がり、一足一刀の間合を保つ。

❹❺❻今度は逆に攻め返す。右足を出すと、相手は左から下がり、こちらは左足を引きつけて攻め立てる。

❼相手が再び前に出ようとするところを、左足に重心を移す。

❽左足で床を蹴って、右足から踏み込む。

❾❿相手の竹刀の上から乗るように、小さく鋭く一気に正面を打つ。

## 3. 出ばな小手

>>>Point

**要注意** これはダメ！

斜めから打とうと体勢を崩すと刃筋が立たず平打ちになりやすく、逆に面を打たれやすい。

**要チェック** これが正しい！

まっすぐ構えた状態から、正中線上に手首を使って竹刀を立て、こぶしを左にひねらず最短距離を打ち込む。

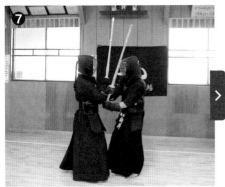

❶やや遠間で相中段に構える。

❷❸右足から出て左足を引きつけ、一足一刀の間合に攻め込む。

❹❺相手が対応しようと手元を上げたところを反射的な動きで瞬間的に小手をとらえるイメージ。大きく振りかぶらず、腹の前で左こぶしをやや下げ手首を使って竹刀を立てて、左足で床を蹴って踏み込み、最短距離で小さく鋭く小手を打つ。距離が近くなるので、大きく踏み込まないようにするが、逆に少しでも前に踏み込まないと手打ちになり、中途半端な打突なってしまうので、注意する。

表から中心を取りにいくと相手も取り返そうと竹刀を押し戻してくる。その瞬間に竹刀を手首で立てて小さく振り上げると、相手の竹刀は行きすぎて小手が開いてしまうこともあるので、そのまま手を伸ばして逃さず打つ。

❻❼❽打突後は左足を引きつけて、体勢を崩さないようにし、余勢で相手に体を素早く寄せ、残心とする。

QRコードで
動画を
チェック!

## 4. 出ばな小手（裏から）

表から攻めて上から打つのが基本となるが、場合によっては裏にまわして打つ場合もある。や　　や間合が近くなった場合に効果がある。

❶やや遠間で相中段に構える。

❷右足から、やや剣先を下げて一足一刀の間合に攻め込む。

❸❹❺剣先が低いことで相手が面を打とうと反応した瞬間に、竹刀を下げて裏にまわす。おおきく円を描くのではなく、手首を使って、中心を外さずに、一瞬、小さく下げて上げるイメージ。

❻❼竹刀は大きく振りかぶらず、腹の前で左こぶしをやや下にし、手首を使って竹刀を立て、左足で床を蹴って、右足から踏み込み、最短距離で、小さく鋭く右小手を打つ。❷〜❼までを一連の瞬発的な動きとする。

表から中心を取るように攻め、相手が取り返そうと押し返してくる瞬間に竹刀を下げると、相手の竹刀が行き過ぎることもある。こちらは中心を外さなければ、その一瞬に小手または面を容易に打突する機会が生まれる。

❽❾❿左足を引きつけて、体勢を崩さないようにし、余勢で相手に体を素早く寄せ、残心とする。

QRコードで
動画を
チェック!

# 連続技

## 1. 小手・面

一つの打突で決められなかった場合に、相手が体勢を崩したところを間髪入れずに続けて打突していくのが、連続技です。有効打突を決めるまで打ち続けることが、考え方の根底となりますので、前に出、あるいは後ろに引きながら、2本、3本、4本と打ち込み続ける精神力、体力と、姿勢を崩さず保持し続ける筋力が必要になります。技術的には、打突後の左足の引きつけの速さが、重要になります。これが続く打突の勢い、強度を決定づけるといっても、過言ではありません。実際には小手・面や小手・胴と"決め打ち"することが多いのですが、1本目をフェイントや勢いをつけるためのステップとしてしまうと、うまくいきません。二段打ちなら、2本とも有効打突にするように打ち込むことが大切です。

❶相中段の攻め合いから機を見て右足から攻める。

❷❸❹相手が反応して剣先を上げたり、中心を取り返そうとして竹刀を裏に開いたりしたら、すかさず右小手を打ち込む。

❺❻❼素早く左足を引きつけて、姿勢を保ちつつ大きく振り上げる。

❽❾❿相手が下がったところへ立て続けに右足から踏み込んで正面を打つ。余勢で相手の脇をすり抜け、3歩ほど進んで残心を示す。実戦では、相手が小手打ちを下がってかわそうとしたところに畳みかけて、面を打つかたちが多い。

QRコードで
動画を
チェック!

## 2. 相小手・面

結果的に小手・面の小手が相打ちとなって、続く面が決まるというものだが、相手が小手にく るのを読んでねらうことが多いので、連続技の応用として紹介しておく。

❶相中段で攻め合い。機を見て右足から前に出、表から攻める。

❷❸❹相手が小手を打ってくるのを読んで、小手を相打ちにする。合わせるのではなく、捨てきって打ち込む。合わせようとすると、逆に打たれる。

❺❻❼一連の動作で左足を引きつけ、腹の前で両手首を使って（橈屈＝親指側に曲げる）竹刀を立てて、小さく振り上げるようにする。

❽❾間髪入れずに腕を伸ばして、手首のスナップを利かせ、正面を打つ。

❿左足を引きつけて姿勢を保ち、余勢で相手の脇をすり抜けて3歩ほど進み残心を示す。

QRコードで動画をチェック!

143

# 3. 小手・胴

小手・面に対して手元を上げて防御しようとす
る相手に効果がある。

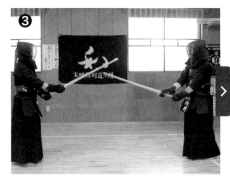

❶遠間で相中段に構える。

❷❸右足から前に攻め込んで、手元を浮かせる。

❹❺❻腹の前で両手首を使って（橈屈＝親指側に曲げる）竹刀を立てて、振り上げるようにし、右足から踏み込んで、小さく鋭く右小手を打つ。

❼❽❾❿相手が続く面を警戒して、手元を上げてきたところを、小さく振り上げて両手首を左に返し、右前に踏み込んで右胴を打つ。左足を引きつけ、余勢で相手の脇をすり抜けて3歩ほど進み、残心を示す。右前に踏み込むことで、間合が詰まりすぎないようにするが、斜めに行きすぎて、打つ瞬間に相手から目を離してしまい、打ちが浅くなってしまうこともあるので注意する。

相手の癖を見て、決め打ちすることが多いが、中段から厳しく攻め、捨て身で思い切りよく小手を打たないと、相手の手元は上がらない。これも当然、2本とも一本になるように打つ。

QRコードで動画をチェック！

## 4. 小手・面・胴・面

実際の立ち合いで出てくるようなパターンではないが、連続して打突する意識づけや、適正な姿勢を維持するための鍛錬として、4本、5本と続けて打つ稽古を積んでおく。姿勢が崩れると、次の技が出なくなる。特に胴を打つ際は姿勢を崩しやすいので、小手・面・胴で終わらせずに胴からの面まで続けておくと、稽古の負荷が高まり、姿勢維持の強化につながる。小手も面も胴（左右）も突きも同じ姿勢から打てなければならない。

連続技の稽古は、組み合わせは無数にあるが、体当たりから引き技を組み込んだり、相手の反撃を想定して、最後を約束動作で応じ技にしたりすれば、実戦的なパターン稽古にもなる。

❶❷❸中段から小手。
❹❺左足を引きつけて振り上げ、右足から踏み込んで面。
❻❼左足を引きつけて、振り上げ両手首を左に返して、右足からまっすぐ踏み込んで右胴。左こぶしを正中線から外し、体を右に傾けないで姿勢を崩さないように注意。
❽❾❿左足を引きつけて、右胴の軌道で大きく振り上げ、右足から踏み込んで面。

# 引き技

## 1. つばぜり合いからの崩し方

### <表からの崩し>

### <下からの崩し>

※現在（令和5年4月）、採用されている新型コロナウィルス感染症が収束するまでの暫定的な試合審判法では、「つばぜり合い」あるいは相手を接近した場合は、積極的に技を出すか、積極的に解消する努力をしなければならないとされ、つばぜり合い解消に至る時間は一呼吸（目安としておよそ3秒）とされています。ですので、引き技はそれ以前に出さなければ成立しません。分かれようとしているときに竹刀を叩いたり、巻いたり、押さえつけたりする行為も反則となります。

### ＜裏からの崩し＞

### ＜表からの崩し＞
つばぜり合いで、相手の手元を崩すように右斜め上から、左斜め下につば元を押す（❶❷）。相手が手元を下げようとしたタイミングで仕掛けると効果が高い。同時に右に体をさばくと、相手の左斜め前が大きく開く（❸）。

### ＜下からの崩し＞
つばぜり合いから、相手が自分のつばを上にしようとしてきたら、それに合わせて手元を下から上へ押し上げて相手の体勢を崩す（❶❷❸）。

### ＜裏からの崩し＞
右上から左下に押し（❶）、相手が押し返してくるところを利用して、左足を左斜め後ろに引きながら、左こぶしで相手のこぶしあたりを右上に押し上げる（❷❸）。相手の右斜め前が、大きく開く（❹）。

## 2. 引き面

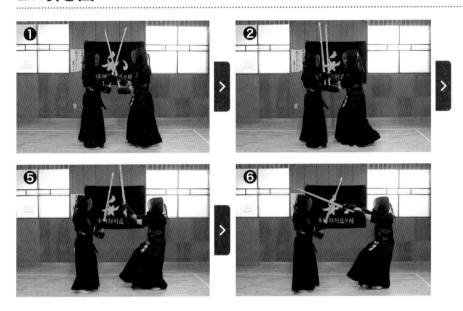

## 3. 引き小手

❶つばぜり合いとなる。❷機を見て、相手の手元を押す。
❸❹相手が押し返してくるのを利用するように、左足から思い切りよく下がりながら振りかぶる。
❺❻右足を引き付けながら、両腕をしっかり伸ばして正面を打つ。打突後も下がる勢いを緩めず、間合を切って残心を示す。

❶つばぜり合いとなる。❷❸機を見て、相手のつば元を表から左前へ押す。
❹❺相手が押し返してくるところで手首を立て、左足を引きながら、自分は中心を外さずに裏にまわる（※左斜め後ろに下がれれば、小手を打ちやすく、追い打ちも避けやすい）。
❻右足を引きつけながら小手を打ち、下がる勢いを緩めず、間合を切って残心を示す。

## 4. 引き胴（左斜め後ろへ引く）

## 5. 引き胴（右斜め後ろに引く）

❶つばぜり合いとなる。

❷相手の手元を上から押す。

❸❹❺相手が押し返そうと腕を伸ばしてくると同時に、左足から左斜め後ろに下がりながら右胴を打つ。平打ちにならないよう刃筋に注意する。

❻刃部を相手に向けたまま下がり、右足を引きつける。勢いを緩めずに充分に下がって間合を切って残心を示す。大きく振り上げて引き面と見せ、守ろうと手元を上げてきたところを打つ方法もある。

❶つばぜり合いとなる。❷相手の手元を上から押す。

❸❹❺相手が押し返そうと腕を伸ばしてくると同時に、左足を引いて振り上げ、右後ろに開くように下がりながら、引き胴を打つ。

❻刃部を相手に向けたまま下がり、右足を引きつける。勢いを緩めずに十分に下がって間合を切って残心を示す。右斜め後ろに下がると、相手は一度向きを変えるか、左足から出なければならないため、一瞬遅れるので、追い打ちをかけづらい。

QRコードで動画をチェック！

## 6. 面・体当たり・引き胴

## 7. 引き技を誘って引き面を合わせる

❶❷❸❹相中段から正面を打ち込み、余勢で両こぶしを腰
のあたり下げ、腰から押し上げるように体当たりする。
❺❻相手が体勢を崩したところを逃さず、間髪入れずに引き
胴を打つ。つばぜり合いには持ち込まず、当たった瞬間に打っ
て決めるイメージ。体当たりから引き面、体当たりから引き
小手にもなる。ただし、体当たりは打突と関連した動きでな
ければ反則となる場合もある。

A ❶❷❸引き胴を誘って、引き面を合わせて
打つ。つばぜり合いで上から押してくるのに
対し上に押し返そうとすれば、引き胴をねらっ
てくることがある。それを念頭に置き、引き
胴を打つ場合は、竹刀が右に開きやすいの
で、そこを上から叩く。

B ❶❷❸引き小手を誘って、引き面を合わせ
て打つ。つばぜり合いで表から押してくるの
を押し返そうとすれば、引き小手をねらって
くることがある。それを念頭に置き、引き小
手の場合も竹刀が右に開きやすいので、そこ
を上から叩く。

※相手にもよるが、引き技に対しては、その"引きば
な"に引き面を合わせると、有効打突は奪えなくとも、
相打ちに持ち込めることが多い。

## 8. 引きの二段技

前に出る連続技と同じく、1本目の打突で相手の体勢を崩し、そこに間髪入れず2本目を繰り出して決める。もちろん2本とも決めるつもりで、強く打突するのも同じ。この技はあまり見せず、膠着状態で突然使うと効力を発揮する。

### <引き面・胴>

### <引き胴・面>

### <引き面・小手>

<引き面・胴> ❶❷❸❹つばぜり合いから機を見て引き面を打ち、それに反応して手元を上げたところを、すかさず大きく下がって、引き胴で決める。

<引き胴・面> ❶❷❸❹つばぜり合いから機を見て引き胴を打ち、それに反応して手元を開いたところを、続けて引き面で決める。

<引き面・小手> ❶❷❸❹つばぜり合いから機を見て引き面を打ち、それに反応して手元を上げたところを、続けて引き小手で決める。

# 対人の技能 応じ技 すり上げ技

## 1. 面すり上げ面

❶相中段で中心を取って、攻める。
❷❸❹相手が面を打ってきたところを、わずかに体を右にかわして、表鎬を使って、時計回りに弧を描くように、すり上げる。

❺❻❼すり上げと一連の動作で右足を上げながら振り上げ、左足で床を蹴って右足から踏み込み、正面を打つ。
❽打突後は、余勢で相手の脇をすり抜け、3歩ほど進んで残心を示す。

応じ技とは読んで字のごとく、相手の打突に応じる技ですが、受動的な技であると捉えるとうまくはいきません。待っていては、居ついてしまうし、動き出しも遅れ、つけこまれるのです。やはり自分から攻めることが、肝心です。能動的に仕掛け、有利な体勢に持ち込んで、不利にもかかわらず打ちに出るしかなくなった相手を「我が意を得たり」とばかりに、仕留めるというイメージを描いてみてください。

※裏ですり上げる場合には、左斜め後ろに下がってもよい。
注・元立ちは右に体をさばいて、ぶつからないよう道を作っています。

## 2. 小手すり上げ面（裏・表）

\<裏\>

\<表\>

❶相中段で中心を取って、攻める。

❷❸相手が小手を打ってきたところを、裏鎬を使って、反時計回りに弧を描くように、すり上げる。（※以下は表からも同じ）その際は、距離が近いだけに腰を引かないように注意する。相手が小手を打ちにくる以前に動いては、相手は面に変化させることもできるので、十分に引きつける。

❹❺❻すり上げと一連の動作で右足を上げながら振り上げ、左足で床を蹴って、右足から小さく鋭く踏み込み、正面を打つ。打突後は、余勢で相手の脇をすり抜け、3歩ほど進んで残心を示す。

❶相中段で中心を取って、攻める。❷❸❹相手が小手を打ってきたところを、表鎬（竹刀の左側）を使って、時計回りに弧を描くように、すり上げる。相手がまっすぐに打ってくれば、やや竹刀を右に傾けるだけで表のすり上げが可能となる。表のほうが続く面が打ちやすい。❺❻すり上げと一連の動作で右足を上げながら振り上げ、左足で床を蹴って、右足から小さく鋭く踏み込み、正面を打つ。打突後は、余勢で相手の脇をすり抜け、3歩ほど進んで残心を示す。

# 返し技

## 1. 面返し右胴

## 2. 面返し左胴

❶相中段で中心を取って、攻める。
❷❸相手が面を打ってくるのを、右足をわずかに右前に出し、竹刀の表ですり上げ気味に受ける。その際は、体が後傾しないように注意。体がそっくり返ると、竹刀越しに面を打たれる。遠間から一足一刀へ入るところをねらって面にくる場合が多いので、誘うように機敏に攻め入ると、乗ってくることがよくある。

❹❺❻受けと一連の動作で右足を上げながら振り上げ、両手首を左に返して、左足で床を蹴り、右前に踏み込んで、右胴を打つ。右に行き過ぎると、打ちが浅くなるので注意。基本通り、打突から残心まで、相手から目を離さないようにすれば、そうはならない。打突後は、余勢で相手の脇をすり抜け、3歩ほど進んで残心を示す。

QRコードで
動画を
チェック！

❶相中段で中心を取って、攻める。❷❸相手が面を打ってくるのを、右足をわずかに前に出しながら裏鎬で受ける。❹❺❻受けと一連の動作で竹刀を振り上げ、両手首を右に返して、左胴を打つ。左胴は平打ち（竹刀の横で打つ）になりやすいので、刃筋に注意。写真は左に体をさばいて打ったので、右足を引きつけ、相手のいる右側から目を離さずに右足を引きつけ、時計回りで振り向いて残心を示すようにする。

QRコードで
動画を
チェック！

## 3. 面返し面（表で受ける）

## 4. 小手返し面

❶相中段で中心を取って、攻める。
❷❸相手が面を打ってくるのを、表鎬で受ける。
❹❺❻右足前で、左に開きながら振り上げて、竹刀を裏に返し、右足を小さく鋭く踏み込んで右面を打つ。前に出て打った場合は余勢で相手の脇をすり抜けて、3歩ほど進んで残心を示す。
受け、返し、打突が一連の打突となるようにする。裏鎬で受け、表に返して左面を打つ場合は、右に開く。

❶相中段で中心を取って、攻める。❷相手が小手を打ってくるところを、竹刀を右に開くようにして表鎬で受ける。受ける場所は、小手を受けるのだから竹刀のつばに近い位置になる。そのほうが裏に返しやすい。

❸❹❺❻受けたところから一連の動作で竹刀をくるりと回転させるように、裏へ返しながら振り上げ、正面を打つ。打突後は、余勢で相手の脇をすり抜けて、3歩ほど進んで残心を示す。

QRコードで動画をチェック！

# 打ち落とし技

## 1. 小手打ち落とし面

❶相中段で攻め合い、中心を取る。

❷❸❹相手が小手を打ってきたところを、竹刀の刃部でやや左斜め上から右下に打ち落とす。こちらが中心を取っていれば、相手は裏にまわして打ち込んできているので、竹刀を裏にまわす必要はなく、小さく鋭く打ち落とす。タイミングは難しく高度な技といえるが、体のリズムの取り方は相小手面と同じなので、動き出しのタイミングをうまく合わせれば、気持ちよくはまるはずだ。そのためには、肚をくくって、焦って先に動いてしまわないようにすることが大事だ。

❺❻❼すでに相手は、左に竹刀を開いて体勢を崩してしまっているので、あとはそのまま腹の前で手首を使って竹刀を立て、小手・面の面と同じく、小さく鋭く面を打つだけだ。ここまでが一連の動作で、よどみなく瞬時に行うようにする。

❽❾❿打突後は余勢で相手の脇をすり抜け、3歩ほど進んで残心を示す。

QRコードで動画をチェック!

## 2. 胴打ち落とし面

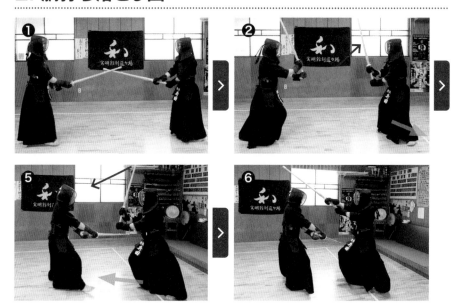

## 3. 面打ち落とし面

実戦では、いきなり胴に飛び込んでくるケースは少ないので、あまり起こるパターンではないが、打ち合いの中では意外に起こりうるので、とっさのときにできるように体で覚えておくと損のない技だ。

❶相中段で攻め合い、中心を取る。❷❸❹相手が胴を打ち込んでくるところに合わせ、左斜め後ろに下がりながら、その竹刀を上から刃部で打ち落とす(足を使って竹刀は斜めに交差しているのでまっすぐ打ち落とせる)。❺❻打ち落とした反動を使うように振り上げ、右から踏み込んで正面を打つ。打突後は余勢で相手の脇をすり抜け、3歩ほど進んで残心を示す。

QRコードで
動画を
チェック!

❶相中段で攻め合い、中心を取る。❷❸相手が面を打ってくるところを相手の竹刀の上で竹刀を振り上げる感覚で、斜め右上から斜め左下へ打ち落とす。❹❺❻相手は竹刀を左に開いた状態になっているので、そのまま面・面の連続技のリズムで、振り上げて右足から踏み込み、正面を打つ。打突後は余勢で相手の脇をすり抜け、3歩ほど進んで残心を示す。この技を発展させ、打ち落としながらそのまま面を打てるようになると「切り落とし」という高度な技になる。

QRコードで
動画を
チェック!

# 抜き技

## 1. 小手抜き面

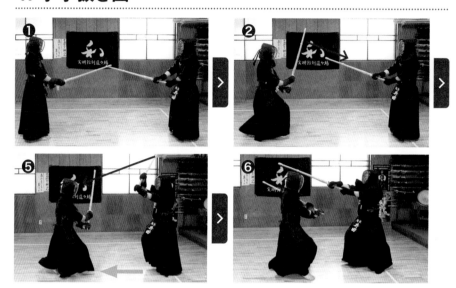

## 2. 小手抜き小手

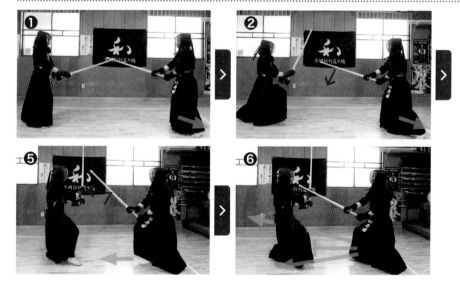

※❸❹の位置で余計に後ろに下がらないよう、左足でしっかり止まるように踏ん張る。体が後ろに下がると、連続技に変化されてつけこまれることもある。打突したら左足を引きつけて、状況によって相手の右か左の脇をすり抜け3歩ほど進んで残心を示す。体当たりか、体を寄せて残心を示すようにしてもよい。

❶相中段で攻め合い、中心を取る。

❷❸相手が小手を打ってくるところを、相手の竹刀と自分の竹刀が交差するように、竹刀を立てて前で抜く。先に動くと一拍子遅らされて打たれるので、肚を決めて我慢する。

❹❺❻そのまま一連の動作で大きく振り上げ、正面を打つ。打突後は余勢で相手の脇をすり抜け、3歩ほど進んで残心を示す。

※後ろに下がりながら抜く方法もあるが、見抜かれるとやすやすと小手を打たれる（攻め込んで打つか、小手・小手の二段打ち）か、飛び込み胴を打たれる。安易に下がる抜き技、特に跳び退く技はほめられたものではないと心得たほうがいい。攻めによって自分の間合を保持することで、前に抜いて前に出て打つようにするとよい。

❶相中段で攻め合い、中心を取る。❷❸相手が小手を打ってくるところを、左斜め後ろに下がりながら竹刀を下げて抜く。慣れないうちは下段の位置（右ひざあたり）まで下げ、徐々に間合と相手の打ちに合わせて、小さくするように変えていく。

❹❺❻腹の前で手首を使って竹刀を振り上げるように立て、小さく鋭く踏み込んで、コンパクトに小手を打つ。小さな打突になるので、体を使って打つように心がける。

## 3. 面抜き胴

❶相中段で攻め合い、中心を取る（何度か奪い合うと、こちらが奪われた瞬間に相手は面を打って
くる可能性が高いので、その瞬間をねらう）。

❷❸❹❺相手が面を打ってくるところを、右足を右斜め前に出しながら打突をかわすように竹刀を振
りかぶる。体を傾けず足さばきでかわすようにすること。体勢が崩れると刃筋の正しい打突ができ
なくなる。

❻❼相手の面を空中で抜きながら、左に手首を返して、そのまま右斜め前に踏み込んで右胴を打つ。
（❷）からここまで瞬時の一連の動作になる。

❽❾❿余勢で相手の脇をすり抜けて、3歩ほど進んで残心示す。応じ技はどれも同じなのだが、抜
き胴も先に動いてしまっては、相手に動きを変化され、やすやすと面を打たれることになるので注意。

※返し胴を選択するか、抜き胴を選択するかはその人の持っている感覚にもよるが、遠間から速い面を打ってくる相手
には抜き胴は有効だろう。しっかりと間合
の攻防、中心の取り合いをしたうえで攻
め勝った場合は、面返し胴のほうが、体
勢が崩れにくいので打ちやすいといえる
のではないか。一般的に昇段審査では、
抜き胴より返し胴のほうが評価されやす
いと言われるが、女性が昇段審査で男性
と当たった場合は、抜き胴のほうがやり
やすいと言われる。

# 木刀による剣道基本技稽古法

　段位取得のスタートとなる初段を受審するためには、それ以前に受審資格として一級を取得しなくてはなりません。全日本剣道連盟は、級位に関しては、一級から三級を定めており、その実技審査として「木刀による剣道基本技稽古法」（以下、木刀による基本稽古法に略します）を行うことを定めています。

　段位は初段から始まり、二段、三段と難度が上がっていきますが、級位の場合は逆に三級、二級、一級と進むにつれ、数が減っていく形になります。四級以下に関しては、級審査を行う地方の団体に受審資格、審査内容とも任され

ていますので、まちまちになりますが、小学生で五級からスタートするならば、おおむね小学校3〜4年生で三級まで、5〜6年生で二級〜一級、中学生から受審する場合は二級からスタート、成人の場合は初段受審資格の一級からあたりかと思われます。

　実技内容についても、竹刀での空間打突や剣道具（防具）をつけての基本打突から立会と様々ですが、それらの基盤となる木刀による基本稽古法は共通ですので、段位取得を目指していくにあたっての第一歩となるのは、この稽古法を学ぶことになります。

## ＜級審査での木刀による基本技稽古法の実技実施内容＞

### 三級……基本1〜基本4　　二級……基本1〜基本6
### 一級……基本1〜基本9

| 構成 | | |
|---|---|---|
| 基本1 | 一本打ちの技「正面」「小手」「胴（右胴）」「突き」 | 三級審査はここまで |
| 基本2 | 連続技（二・三段の技）「小手→面」 | |
| 基本3 | 払い技「払い面（表）」 | |
| 基本4 | 引き技「引き胴（右胴）」 | |
| 基本5 | 抜き技「面抜き胴（右胴）」 | 二級審査はここまで |
| 基本6 | すり上げ技「小手すり上げ面（裏）」 | |
| 基本7 | 出ばな技「出ばな小手」 | |
| 基本8 | 返し技「面返し胴（右胴）」 | |
| 基本9 | 打ち落とし技「胴（右胴）打ち落とし面」 | |

「竹刀は日本刀」であるとの考えをもとに、日本刀の代用である木刀の操作を修練することによって、剣の理法を理解することが、基本の習得には効果的であろうということから、この稽古法は作成されました。日本剣道形が高度な剣の理合を学んでいくものであるのに対し、木刀による基本稽古法は剣道具（防具）を着用しての稽古、試合、立会に直接役立つ竹刀の操作と身体の動きであるので、級審査を受けるからその前に練習しておくではなく、普段からそれぞれの稽古事情に合わせて、定期的に取り入れておくべきです。

# 稽古を始める前の約束事解説

所作事（礼法などの動き）は日本剣道形に準拠するとされていますので、同じと考えて構いません。日本剣道形は打太刀（初めに打ち込む＝技を引き出す側）、仕太刀（打ち込みに対応して技を出す側）に分かれて行い、通常、打太刀を指導する立場になる上位者が務め、仕太刀を学ぶ側の下位者が務めることが基準となります。これに対して、木刀による基本稽古法は、平等、同等の立場であるとし、元立ち（打たせる側）、掛り手（打つ側）という呼称となっています。

足さばきは送り足を原則として、すり足で行います。構えはすべて中段の構えから。打突は掛り手、元立ちが互いの気を漲らせて合気の状態を作り、その瞬間に元立ちが打突の機会を与え、掛かり手はそこを逃さずに掛け声とともに気合を込めて打ち込みます。打突の動作は、一足一刀の間合から、左足の引き付け（引き技の場合は右足）を伴って「一拍子」で行い、物打ちで打突部位をとらえ寸前で止める空間打突になります。掛け声は「面（メン）、小手（コテ）、胴（ドウ）、突き（ツキ）」と打突部位の呼称を明確に発声します。残心も、しっかり意識して心がけることが大切です。

演武者

岡村剣宗（おかむらはやとし）
平成2年東京都生まれ、5歳より全日本少年剣道錬成会館で剣道を始める。5段位

山﨑雄大（やまざきゆうだい）
平成2年東京都生まれ、7歳より中板橋剣道会で剣道を始める。5段位

# 立会前の作法（相互の立礼）から

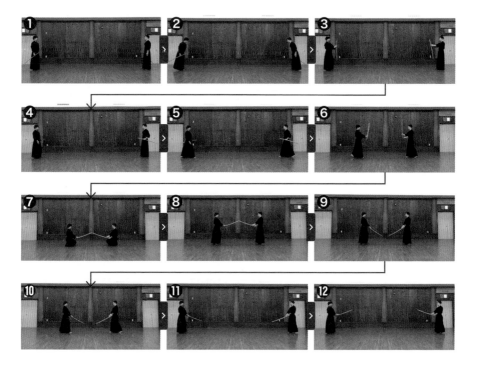

❶❷右手に木刀を持って、堤刀のまま立会の間合（相手と自分の距離が9歩であるので、9歩の間合とも呼ばれる）に進み、相互に礼（約15度前傾、正面への立礼の場合は30度前傾）。

❸❹体の正面で木刀を左手に持ち替え、そのまま帯刀。帯刀は刀を帯に差し込んだ状態を表し、木刀を斜めにし、柄頭を体の中心（へその前少し上）に置く。

❺❻❼歩み足で右足から大きく踏み出し、3歩目で抜き合わせながら蹲踞する。間合は、木刀の横手（写真の矢印のところ）あたりが交差する距離。※技の終了時点もこの横手あたりが交差する間合。技を出す一足一刀の間合との違いがあることを理解する。初心者にありがちだが、横手の交差する間合から技を出してしまうと、当然、一歩では打突部位に物打ちが届かないので、ここを常に意識すること。

❽❾❿⓫⓬立ち上がって、構えを解く。剣先を相手の左膝の3〜6センチほど下へ右斜めに下げ、刃先は左斜め下に向くようにする。その状態のまま左足から小さく5歩下がり、中段に構える。ここから基本1を始める、終了したら横手の交差する位置で立ったまま構えを解き、5歩下がって中段に構え、基本2、同様に基本3、4と進めていく。

### ＜横手＞

←で示した鎬から刃先に向けた、平地と切っ先の境界線

### ＜一足一刀の間合＞

一歩踏み込めば物打ちが届き、一歩下がれば相手の打ち込みをかわせる位置

### ＜横手あたりの交差する間合＞

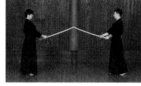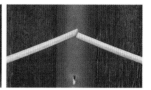

立礼から進んで抜き合わせたとき、基本1からの各技が終了して中段で構え、構えを解いていくとき

### ＜木刀の握り方＞

＜表＞

＜裏＞

左手の小指を柄頭いっぱいに握り、左右ともに小指と薬指を締め、中指を軽く締めて、人指し指と親指は添えるように握る

### ＜帯刀○＞

○

木刀を持った左手は腰の位置、右手は下ろし体側やや前に置く

### ＜帯刀×＞

×

右手も腰の位置になってしまっている。審査だけでなく、試合でも小中学生によく見られる誤った帯刀

木刀による
剣道基本技稽古法
→
QRコードで
動画を
チェック！

# 基本1／「正面」「小手」「胴（右胴）」「突き」

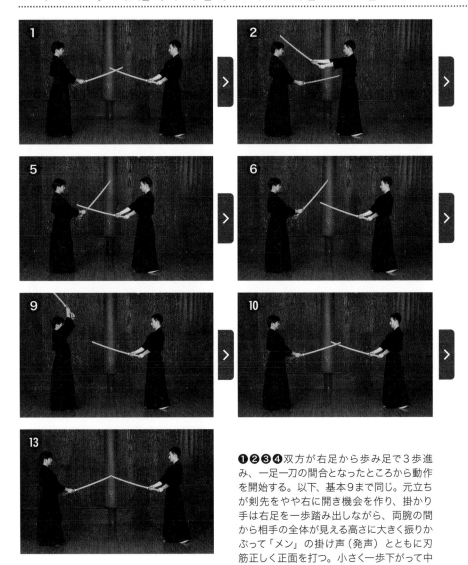

❶❷❸❹双方が右足から歩み足で3歩進み、一足一刀の間合となったところから動作を開始する。以下、基本9まで同じ。元立ちが剣先をやや右に開き機会を作り、掛かり手は右足を一歩踏み出しながら、両腕の間から相手の全体が見える高さに大きく振りかぶって「メン」の掛け声（発声）とともに刃筋正しく正面を打つ。小さく一歩下がって中段に構え残心、さらに小さく一歩下がって、元に戻る。同時に元立ちも中段に戻す。

❺❻❼一足一刀の間合となったところで、元立ちが剣先をやや上に上げ機会を作り、掛かり手は右足を一歩踏み出しながら、両腕の間から相手の小手が見える程度に振りかぶって「コテ」の掛け声とともには刃筋正しく小手を打つ。同じく小さく一歩下がって中段に構え残心、さらに小さく一歩下がって元に戻る。同時に元立ちも中段に戻す。

❽❾❿一足一刀の間合となったところで、元立ちが手元を上げて機会を作り、掛かり手は右足を一歩踏み出しながら、大きく振りかぶって頭上で手を返して、「ドウ」の掛け声とともに、刃筋正しく胴を打つ。同じく小さく一歩下がって中段に構え残心、さらに小さく一歩下がって元に戻る。同時に元立ちも中段に戻す。

⓫⓬⓭一足一刀の間合となったところで、元立ちが剣先をやや右下に下げ機会を作り、掛かり手が突いてくるのと同時に安全のため一歩後退する。掛かり手は「ツキ」と発声しながら咽喉部を突き、すかさず手元を戻す。小さく一歩下がって残心、さらに小さく一歩下がるのに合わせて元立ちも中段に構えて一歩前に出て、元に戻る。

以上、動作が終わってから双方が構えを解き、左足から歩み足で小さく5歩下がって立会の間合に戻り、中段の構えをとる。以下、基本9まで同じ。

## ＜面打ちの振りかぶり＞

＜横＞

自分の両腕の間から相手の全体が見える程度の高さまで大きく上げる

　相手との間合（距離）は近い、遠いと意識しやすいものですが、面、小手、胴の打突部位と自分からの距離の違いは、あまり意識されないものかもしれません。基本1の①の写真を見てください。相中段の状態を横から見れば、小手が自分から最も近く、面と胴がそれより遠くに位置していることがよくわかります。ですので、基本において、面打ちは大きく振りかぶるように指導されています。

　大きく振りかぶることで、大きく足を踏み出すことが意識され、上から振り下ろすことで、肩の力を使った振りで、打突部位を的確にとら

えるができるようになっていくはずです。胴の場合も同じく距離がありますから、面と同様に大きな振りが必要となります。

　対して、小手の場合は、近い距離になるので、大きく前に踏み出すことはなく、したがって大きく振りかぶる必要もなくなります。面が大きく力強い打ちを求めるのに対し、小手は鋭く素早い打ちを求めるというイメージでしょうか。逆に小手の場合は、小さくなる分、手先だけの打ちになりやすいので、身体全体を使って打つことを意識して行うようにしなければなりません。

## ＜小手打ちの振りかぶり＞

＜横＞

自分の両腕の間から相手の小手が見える程度の高さで、面の位置よりやや低く上げる

# 基本２／連続技（二・三段の技）「小手→面」

❶❷❸一足一刀となったところで、元立ちが剣先をやや上に上げて機会を作り、掛かり手は、右足を一歩踏み出しながら振りかぶって右小手を打ち、相手が引くので続けて、さらに右足を一歩踏み出して正面を打つ。かけ声は動きに合わせて「コテ・メン」と続ける。元立ちは小手を打たせたら、続けて左足から一歩下がりながら剣先をやや右に開いて正面を打たせるが、その際は、木刀を下げて回さず、一歩下がりながらやや上に上げた位置からそのまま右へ移動させる。❹❺❻掛かり手は小さく一歩下がって残心を示す。掛かり手がさらに小さく一歩下がり元立ちも中段にして一足一刀になり、さらにもう小さく一歩下がるのに合わせて元立ちも一歩前に出て元に戻る。

# 基本3／払い技「払い面（表）」

❶❷❸❹一足一刀となったところで、掛かり手は右足を一歩踏み出しながら、剣先を右下へ小さく下げて、相手の木刀を表鎬で左上に払い上げ、そのまま「メン」と発声し正面を打つ。
❺❻掛かり手は小さく一歩下がって中段に構え残心、さらに小さく一歩下がって元の位置に戻る。同時に元立ちも中段に戻す。

## 基本4／引き技「引き胴（右胴）」

❶❷一足一刀となったところで、掛かり手は右足を一歩踏み出しながら「メン」と発声して正面を打ち、それを元立ちは表鎬で応じて、その流れのまま、ともにやや前進しつばぜり合いとなる。❸❹❺❻つばぜり合いとなったら、一呼吸のうちに掛かり手は相手のつば元を押し下げ、元立ちが下から押し返して手元が上がるところをとらえ、左足を引きながら振りかぶり、右足を引き付けるのと同時に右胴を打つ。掛かり手は小さく一歩下がって中段に構え残心、さらに小さく一歩下がると同時に、元立ちも前に出た分、小さく下がって中段に構え、元に戻る。

# 基本5／抜き技「面抜き胴（右胴）」

❶❷❸一足一刀となったところで、元立ちが右足を一歩踏み出しながら、「メン」の発声とともに正面を打ってくるところを、掛かり手は右足をやや右斜め前に出しながら振りかぶり、元立ちから目を離さずに「ドウ」の発声とともに右胴を刃筋正しく打つ。元立ちは面を打ったところ、掛かり手は右胴を打ったところで動作を止める。「メン」と「ドウ」の発声が重なるくらいのタイミングになる。

❹❺打った後は、元立ち、掛かり手ともに正対しながら一歩後退して、中段に構え（斜めの位置関係になる。掛かり手は残心を示す気持ちで行う）、双方ともに左足から小さく歩み足で3歩左に移動して元に戻る。

正対してしまった悪い例／元立ちに正対してしまっては、その場で止まってしまい、抜き胴にならない。面を抜き胴を打つ、写真②③の抜く動作の体さばきを覚える

# 基本6／すり上げ技「小手すり上げ面（裏）」

❶❷❸一足一刀となったところで、元立ちが「コテ」の発声とともに掛かり手の右小手を打つ。これに対して、掛かり手は一歩後退しながら裏鎬で、元立ちの裏鎬をすり上げる。
❹❺すり上げによって元立ちの剣先が体側から外れたところを、すり上げからの一連の動作で右足から一歩踏み出し「メン」の発声とともに正面を打つ。その後、元立ち、掛かり手が同時に一歩後退して中段に構え、元に戻る。掛かり手は残身を示す気持ちで構える。

## 基本7／出ばな技「出ばな小手」

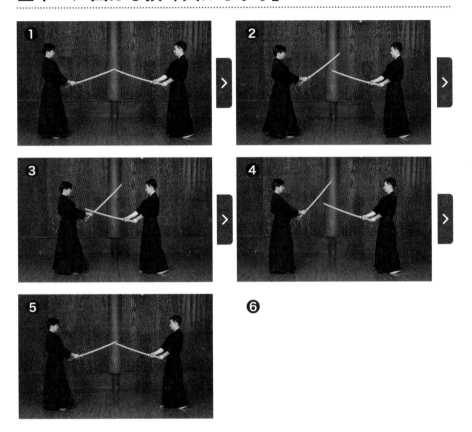

❶❷❸一足一刀となったところで、元立ちがやや右足を前に出しながら打ち込もうと剣先を上げる動作をし、掛かり手はその起こり頭をとらえるように右足を素早く一歩踏み出しながら、「コテ」の発声とともに小技で鋭く小手を打つ。発声も短く鋭く。
❹❺掛かり手は小さく一歩下がって残身を示し、さらに小さく一歩下がると同時に元立ちも前に出した右足を引き、元に戻る。

## 基本８／返し技「面返し胴（右胴）」

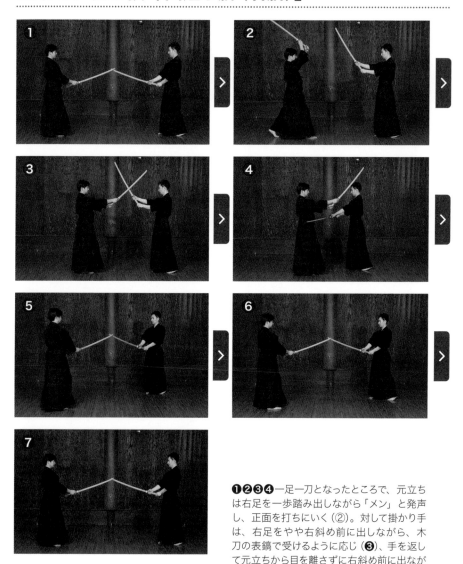

❶❷❸❹一足一刀となったところで、元立ちは右足を一歩踏み出しながら「メン」と発声し、正面を打ちにいく（②）。対して掛かり手は、右足をやや右斜め前に出しながら、木刀の表鎬で受けるように応じ（❸）、手を返して元立ちから目を離さずに右斜め前に出ながら、「ドウ」と発声し右胴を刃筋正しく打つ（❹）。元立ちは正面を打ったところ（❸）、掛かり手が右胴を打ったところ（❹）で動作を止める。

❺❻❼掛かり手が胴を打った後（❹）は、元立ち、掛かり手ともに正対しながら一歩後退し、中段に構え（斜めの位置関係になる。掛かり手は残心を示す気持ちで行う）、双方ともに左足から小さく歩み足で3歩左に移動して元に戻る。

# 基本9／打ち落とし技「胴（右胴）打ち落とし面」

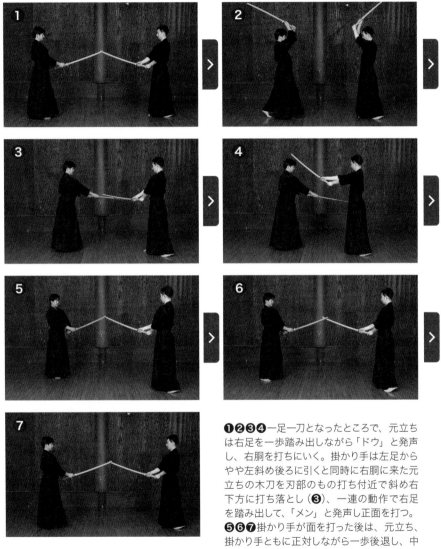

❶❷❸❹一足一刀となったところで、元立ちは右足を一歩踏み出しながら「ドウ」と発声し、右胴を打ちにいく。掛かり手は左足からやや左斜め後ろに引くと同時に右胴に来た元立ちの木刀を刃部のもの打ち付近で斜め右下方に打ち落とし（❸）、一連の動作で右足を踏み出して、「メン」と発声し正面を打つ。

❺❻❼掛かり手が面を打った後は、元立ち、掛かり手ともに正対しながら一歩後退し、中段に構え（抜き胴、返し胴とは反対のやや斜めの位置になる。掛かり手は残心を示す気持ちで行う）、ともに右足から一歩移動し、元に戻る。

最後の演武が終わったので、ともに蹲踞の姿勢をとって納刀し、立ち上がって帯刀の形のまま歩み足で左足から小さく5歩下がり、立会の間合に戻って相互の立礼をし、終了する。（級審査では3級は基本4まで、2級は基本6までで納刀する）

## おわりに

　本書は、主に中学、高校の部活動で剣道の修行に励む皆さんに向けて、編纂いたしました。剣道の書籍といえば、立派な先生方がお書きになるもので、このお話をいただいたときには、お断りしようと思いましたが、私が、30年以上スポーツ誌やスポーツ書籍の編集に携わり、その後もフリーライターとして活動しながら指導を続けてきた実績に目をつけていただいたのだと、僭越ながらお引き受けさせていただきました。高校には剣道の指導者でもある専門の先生が多くおられますが、公立の中学では、剣道経験のほとんどない先生が顧問をされているケースが、非常に多くあります。教員となり、剣道部の顧問となったことで、自分も剣道を始め、部活の指導の後に、私たちのところへ稽古に来てくれる若い先生もいます。中学生、高校生だけでなく、そういった苦労をされている方々のお役にも立てれば幸いです。終りに、この本の執筆を薦めていただいた日本文芸社書籍編集部に心より、お礼を申し上げます。

### 参考文献

全日本剣道連盟編　剣道指導要領（平成20年7月1日初版、平成25年6月1日初版6刷）
全日本剣道連盟編　剣道授業の展開（平成21年4月1日初版、平成25年4月1日第3版）
全日本剣道連盟　　木刀による剣道基本技稽古法（平成15年6月1日第1版）

### 協　力

越谷剣道クラブ／小学生、中学生と一般人を中心に埼玉県越谷市立総合体育館武道場ほかで毎週木、土、日に稽古（日は希望者のみ）。小学生は休日に行われる各大会に積極的に参加。一般は土曜、日曜の越谷市剣道連盟稽古会に参加。

■詳細はホームページ参照　ktmhp.com/hp/koshiken

## 演武者

### 写真右／持井亮紀

平成6年埼玉県生まれ。越谷剣道クラブで小学生から剣道を始める。越谷栄進中学校ー本庄第一高校ー明治大学ートッパン・フォームズ（現・TOPPANエッジ株式会社）

### 写真左／井田全信

平成9年年埼玉県生まれ。栃木県内で小学生から剣道を始め、埼玉に戻り、5年生から越谷剣道クラブ。越谷栄進中ー本庄第一高校ー東洋大学ー日本通運

## 撮影協力

埼玉県越谷市・実明館道場を撮影場所としてご提供いただきました。館長で元越谷市教育長の中野茂先生、副館長の中野聡先生に心より、お礼申し上げます。

**実明館道場**／月は婦人、木、日は小学生から一般の稽古を行っている。体力の向上を目的とし、礼儀作法を中心とし勝ち負けにこだわることなく、基本に忠実に正しく剣道修行を行っている。

◾著者紹介
｜髙瀬 英治（たかせ・えいじ）

1959年3月14日生まれ、東京都北区出身。都立城北高校→日本大学
芸術学部。剣道教士七段、日本体育協会公認指導者剣道指導員。埼玉
県越谷市剣道連盟副会長。越谷剣道クラブ会長。日本大学芸術学部剣
道部監督。越谷剣道クラブでは小学生、中学生を指導。同クラブ出身
者からは全国道場連盟中学女子個人優勝、関東高校男子個人2年連続
優勝、関東中学女子団体優勝（3名）、関東女子学生準優勝、国体少年
女子優勝（先鋒）、関東中学女子個人準優勝、全国高校選抜男子団体優
勝（大将）、国体少年男子準優勝（大将）、全国高校選抜女子団体準優勝（先
鋒、大将）、国体少年女子準優勝（中堅）、関東高校団体準優勝(副将）
など、その後、埼玉県代表、東京都代表として関東大会、全国大会で
活躍する多くの選手が育っている。

◾スタッフ

｜編集協力：平田 淳一（株式会社マーブルブックス）
｜写真：加藤 誠夫　カバーデザイン・DTP：加藤 一来
｜本文：近藤 佳菜子（株式会社ティディールーム）

〈増補改訂〉
動画でいちばんよくわかる
剣道の新しい教科書

2023年9月10日　第1刷発行

著　者　髙瀬 英治
発行者　吉田 芳史
印刷所　図書印刷株式会社
製本所　図書印刷株式会社
発行所　株式会社 日本文芸社
〒100-0003東京都千代田区一ツ橋1-1-1 パレスサイドビル8F
TEL：03-5224-6460　[代表]

内容に関する問い合わせは、小社ウェブサイト
お問い合わせフォームまでお願いいたします。
URL https://www.nihonbungeisha.co.jp/

©Eiji Takase 2023
Printed in Japan　112230825-112230825 Ⓝ01 (210117)
ISBN978-4-537-22127-5
編集担当：岩田裕介